OZEANRIESEN

LUXUSSCHIFFE EINST UND JETZT

BILL MILLER

XENOS

1

DIE ERSTEN OZEANRIESEN

7

2

DIE SCHWIMMENDEN PALÄSTE

23

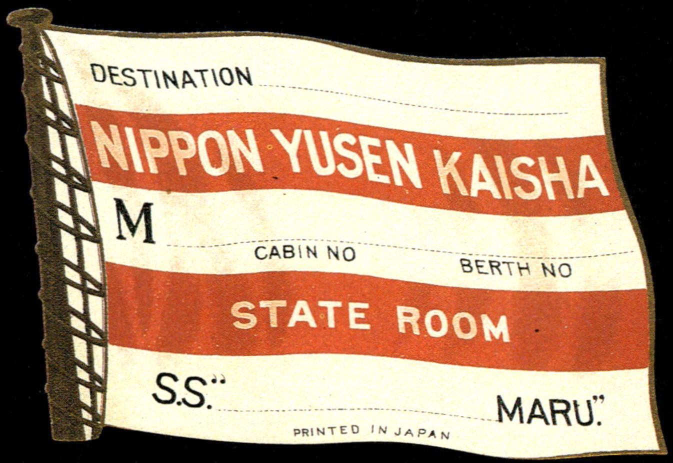

3

OZEANRIESEN ZWISCHEN DEN WELTKRIEGEN

43

4

GÖTTERDÄMMERUNG AUF DEM ATLANTIK

71

5
DIE GROSSEN SCHIFFSKATASTROPHEN
91

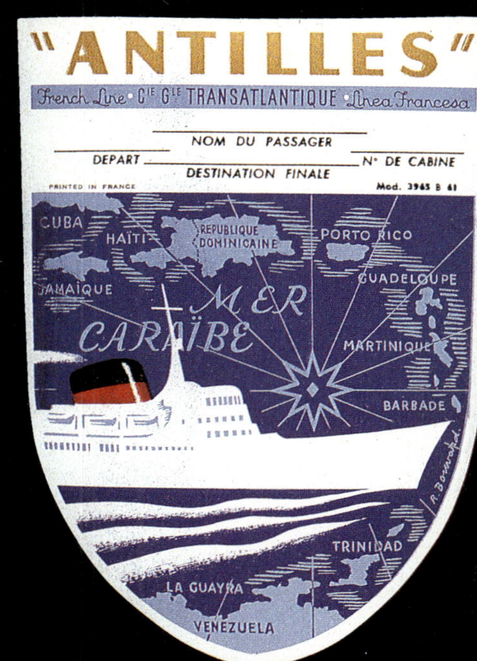

6
KREUZFAHRTEN: REISEN IN DIE SONNE
105

7
SCHIFFE VON HEUTE UND MORGEN
121

VORSCHLÄGE FÜR WEITERFÜHRENDE BÜCHER
142

REGISTER
143

Deutsche Ausgabe:
ISBN 3-8212-1139-3

Am Hehsel 40, 2000 Hamburg 63
Übersetzt aus dem Amerikanischen von Joachim Popp, Hamburg
Lektorat: Gerhard Lemberg, Hamburg
Einbandgestaltung: Künne + Künne Werbeagentur, Hamburg
Satz: KCS GmbH, Buchholz/Hamburg
Printed in Belgium

Die amerikanische Originalausgabe erschien 1990
unter dem Titel »Ocean Liners«
im Verlag Mallard Press, New York

Für Dick Faber

Sammler, Schiffskenner und hilfreicher Freund

NORDDEUTSCHER LLOYD
DOPPEL-SCHRAUBEN SCHNELLDAMPFER.
KRONPRINZESSIN CECILIE
DIE VIER OCEAN WINDHUNDE
KAISER WILHELM II
KRONPRINZESSIN CECILIE
KRONPRINZ WILHELM
KAISER WILHELM Der Grosse
Dienstags von NEW YORK nach BREMEN
Via PLYMOUTH (London) und CHERBOURG (Paris)

DIE ERSTEN OZEANRIESEN

Ein Ozeanriese war nach üblichem Sprachgebrauch ein sehr großer Passagierdampfer. Mit dem Wort verband sich die oft romantische Vorstellung eines gewaltigen Schiffes mit hohem, steilem Bug und mächtigen Schornsteinen, das eine hochgehende See durchpflügt. Der englische Begriff »ocean liner« wird auch heute noch in diesem Sinne verwendet für große Fahrgastschiffe, während die kleineren als Passagierschiffe bezeichnet werden.

Der erste ocean liner oder Ozeanriese in diesem Sinne – und gleich ein Superschiff – war die 1897 gebaute deutsche *Kaiser Wilhelm der Große*. Dieses Schiff symbolisierte sozusagen die Blüte der Schiffbau-Technologie im ausgehenden 19. Jahrhundert. In diesem Jahrhundert erfolgte eine unglaubliche Entwicklung vom winzigen hölzernen Segelschiff über die ersten Dampfschiffe, Raddampfer, erste aus Eisen gebaute Fahrzeuge bis zu den immer größer, schneller und mächtiger werdenden Drei- und gar Vier-Schornsteinern. Die Reisezeiten

Die in den Himmel ragenden deutschen Schornsteinquartette brachten vielleicht am deutlichsten die geballte Kraft der deutschen Übersee-Dampfer zum Ausdruck. Die Reisenden setzten bald die Zahl der Schornsteine mit Kraft, Schnelligkeit und gar Sicherheit gleich. Kein Wunder, daß die Vier-Schornsteiner stets gut besetzt waren. Die kaiserlichen Namen steigerten ihre Beliebtheit noch, jedenfalls in den Augen der Berliner Regierung.

wurden immer kürzer, die Unterbringung der Passagiere immer komfortabler. – Reisen zur See war im 19. Jahrhundert in erster Linie britisch geprägt. Dieses unaufhaltsam expandierende Imperium mit seinen erfahrenen Werften und Seeleuten schien allein prädestiniert zu sein, erfolgreich Passagierschiffahrt zu betreiben.

Es ist bemerkenswert, daß die großen deutschen Passagierdampfer der Jahrhundertwende in den USA populärer waren als in Deutschland. Die neue Kaiser Wilhelm II. *kam im Frühjahr 1903 erstmals nach New York, und 40 000 Besucher waren von ihr begeistert! Waren diese Schiffe in New York schon sehr bekannt, so genossen sie geradezu Volkstümlichkeit auf dem Westufer des Hudson, wo ihre Liegeplätze waren. Hier hatte man sie liebevoll »die Hohenzollern von Hoboken« getauft.*

Die jüngsten Anwärter auf Titel wie »das größte« oder das »schnellste Schiff« gegen Ende des Jahrhunderts zeigten allerdings die deutsche Flagge! Damit begann einer der schärfsten Konkurrenzkämpfe zur See, ein grandioses technisches Wettrennen, das unter späterer Mitwirkung Frankreichs, Italiens und schließlich der USA Jahrzehnte dauern sollte. Die erste Schlacht bestritten zwei Giganten: das mächtige, reiche, jedoch etwas selbstzufriedene England und ein junges, wie eine Flutwelle sich ausbreitendes Deutschland. Übrigens entstand die Idee für den deutschen Rekorddampfer acht Jahre früher, dazu noch auf einem britischen Schiff, und zwar während eines Flottenmanövers im Sommer 1889 vor Spithead in England. An diesem hatten der Prince of Wales, der spätere König Edward VII., und sein Neffe, der deutsche Kaiser Wilhelm I., teilgenommen. Hier begann die Rivalität zur See zwischen den beiden Nationen. Die britische Navy beeindruckte den deutschen Monarchen derart, daß er den Bau einer eigenen Flotte beschloß mit dem Endziel der Errichtung eines deutschen Kolonialreiches, das sich mit dem englischen messen konnte.

Das Dampfschiff hatte dies alles möglich gemacht. 1819 fuhr die *Savannah* von Georgia in Amerika in 24 Tagen über den Atlantik zur irischen Küste. Sie war nur 45 Meter lang und konnte gerade 32 Passagiere aufnehmen. Neben voller Besegelung verfügte sie über eine kleine Dampf-

maschine zum Antrieb ihrer genial konstruierten Schaufelräder. Obwohl die Dampfmaschine nur etwa 90 Stunden in Betrieb war, markierte diese Reise doch den Beginn eines neuen Zeitalters im Überseeverkehr – die Dampf-Ära! Ein weiterer Meilenstein folgte erst 20 Jahre später, als ein Raddampfer ähnlicher Größe, die *Sirius*, in nur 17 Tagen ausschließlich mit Dampfkraft den Atlantik überquerte, mit acht Knoten in der Stunde. Die Tage der reinen Segelschiffe waren gezählt, obwohl die *Sirius* wie alle Schiffe in den nächsten Jahren noch unter Segel war, für alle Fälle sozusagen. Besatzungen, Passagiere und vor allem die öffentliche Meinung trauten den neumodischen Fahrzeugen noch nicht recht. Sie galten als unausgereift, unzuverlässig und, was ihrem Ruf am meisten schadete, als gefährlich. Deshalb war es schwierig, für die kombinierten Dampfsegler Fracht und Passagiere zu finden.

Viele dieser Vorurteile wurden von der neugegründeten, in Liverpool beheimateten Reederei CUNARD STEAM-SHIP COMPANY LIMITED aus dem Wege geräumt. Ihr Gründer, Samuel Cunard, setzte Sicherheit über Geschwindigkeit, was es auch koste. Nach seiner Auffassung waren sichere, zuverlässige Dampfer besser als schnelle. Für Cunard ging es darum, die Anzahl der Seetage zu kürzen, jedoch weniger darum, einen Konkurrenten zu übertrumpfen. Der Name

Vier Masten wie ein Großsegler und weißer Rumpf wie die Yacht eines Potentaten – damit war die *Kaiser Wilhelm II.* (Bild gegenüber) ein ausgesprochenes Luxus-Schiff. Nach 1880 machte sie einige der frühesten Kreuzfahrten in für damalige Zeiten exotische Gewässer: ins Mittelmeer, vor Skandinavien und gar in die Arktis. – Die winzige *Savannah* war ein *Klassiker*: das erste Dampfschiff, das den Nordatlantik überquerte. Eine späte Ehrung war, daß das erste atomgetriebene Handelsschiff der USA Ende der fünfziger Jahre ihren Namen trug. Jedoch gelang ihr nicht der erhoffte Durchbruch – nur wenige Nuklear-Handelsschiffe folgten ihrem Kielwasser.

Cunard stand bald für Zuverlässigkeit und Pünktlichkeit, und das Image der Dampfschiffahrt wendete sich langsam zum Besseren.

Zwischen 1840 und 1850 waren die »Cunarders«, wie die Schiffe der Reederei auch genannt wurden, Schrittmacher des Fortschritts. Sie gewannen das »Blaue Band« für die schnellste Atlantiküberquerung. Mit eindrucksvollen 12 Knoten hatten sie die Zeit für die Überfahrt zwischen Liverpool und Halifax auf neuneinhalb Tage gedrückt. Der erste »Cunarder«, der einen Rekord aufstellte, trug den passenden Namen *Britannia*. Es war ein Dampf-Paketboot, das außerdem als Bark getakelt war. Der hölzerne Rumpf war 68 Meter lang. (100 Jahre später war ein Schiff der gleichen Reederei-Flotte mehr als viermal so lang: die *Queen Elizabeth*.) Die »Britannia« und ihre Schwesterschiffe, damals als »Teekessel« bekannt, haben nicht nur viel für das Ansehen der Dampfschiffahrt getan, sondern auch dazu beigetragen, die britische Vorherrschaft auf dem Atlantik zu etablieren. Die »Cunarders« machten zum Beispiel 1841 vierzig Atlantiküberquerungen – alle problemlos und unter Dampf! Selbst als nach 1850 noch 150 Segler auf ein Dampfschiff kamen, war deutlich geworden: Die neue Zeit war angebrochen, die Dampfkraft hatte ihren Siegeszug auch auf dem Wasser begonnen.

Komfort oder gar Luxus fehlten auf den Atlantik-Dampfern noch völlig. Charles Dickens

Nebel war auf den Passagierdampfern gefürchtet. Es gab viele Zusammenstöße. Die Campania *der Cunard Line zerschnitt 1900 in der Irischen See eine Bark in zwei Hälften, elf Menschen starben. Als ein Jahr später die* Oceanic *der White Star Line einen Kohlenfrachter vor der englischen Küste rammte, gab es sieben Tote. 1908 hatte die amerikanische* St. Paul *eine Kollision mit dem britischen Kreuzer* Gladiator. *Das Kriegsschiff sank mit 27 Opfern.*

hatte 1842 die *Britannia* benutzt und klagte verbittert: »Der Speisesaal gleicht einem riesigen Leichenwagen mit Fenstern«, und über seine Kabine: »Ich fühlte mich wie eine in einen Blumentopf gezwängte Giraffe.« Entgegen der britischen Dominanz brachte ein Amerikaner Komfort auf den Nordatlantik. Die Schiffe der Collins Line – ihr Besitzer hieß Edward K. Collins – wurden bekannt als »Atlantik-Paläste«. Es waren dies die vier neuen Dampfer von 2500 BRT: *Atlantic*, *Pacific*, *Arctic* und *Baltic*, die bis ins Detail den berühmten Mississippi-Dampfern entsprechend ausgestattet waren. Es gab italienischen Marmor an Bord, bunte Glasfenster und im Friseursalon gar einen verstellbaren Sessel. Hinzu kamen aufmerksamer Service und eine hervorragende Küche. Auf der Speisekarte standen etwa Schildkrötensuppe oder Gans in Champagnertunke. Collins' Schiffe, die amerikanische Antwort auf »die Herausforderung eines Mannes namens Cunard«, schienen um 1852 Erfolg zu haben. Aber die Seefahrt ist ein sehr unsicheres Geschäft. Offensichtlich waren die Kosten für den Luxus, den Collins bot, zu hoch. Obwohl 1852 etwa 4300 Personen seine komfortablen Schiffe benutzten, gegenüber nur 2900 auf den schlichten »Cunarders«, dauerte die Herrlichkeit nicht lange. Im gleichen Jahr kletterten Collins' Schulden auf damals unglaubliche 1,7 Millionen Dollar. 1858, gerade ein Jahrzehnt nach der Firmengründung, kamen die letzten Schiffe der Collins-Flotte unter den Hammer. Auch der Geschwindigkeitsrekord, den die *Baltic* aufgestellt hatte, verblaßte. Das Blaue Band ging erneut an einen »Cunarder«, die *Scotia*. Danach beherrschten die Briten, hauptsächlich vertreten durch die eher konservative Cunard-Line, den Passagierverkehr über den Nordatlantik. Ihre Flotte präsentierte alle Superlative, ob Größe oder Geschwindigkeit der Schiffe – bis zum Herbst 1897, als der schon erwähnte deutsche Konkurrent, die *Kaiser Wilhelm der Große*, auf der Bildfläche erschien.

Doch es gab noch einige andere erwähnenswerte Passagierdampfer, die vor 1897 die Ozeane durchpflügten. Der bei weitem größte Vorläufer der zukünftigen Ozeanriesen, die erst Anfang

Die kleine *Britannia* (gegenüberliegende Seite) mit ihren Schaufelrädern und Segelmasten erreicht auf ihrer historischen Reise Boston. Sie ist die berühmte Ahnherrin der Cunard-Flotte, die 1990 ihr 150jähriges Jubiläum des Atlantikdienstes feierte. Zuverlässigkeit war ihr größter Vorteil; hinzu kam die Schnelligkeit. – Cunards *Scotia* (oben), die das Blaue Band Ende der 50er Jahre des 19. Jahrhunderts trug, waren deshalb große Beliebtheit und hohe Wirtschaftlichkeit sicher.

In ihren Tagen war sie die ausgefallenste technische Schöpfung, die *Great Eastern*, und das mit Abstand größte Schiff auf allen Meeren. Mit ihren fünf Schloten und sechs Masten blieb sie bis heute einzigartig. Das nebenstehende Bild zeigt sie in eindrucksvollem Vergleich zu »normalen« Schiffen. – Die Maschinenanlage des großen Ingenieurs Scott Russell für die riesigen Schaufelräder ist in der schönen Zeichnung auf S. 13 oben dargestellt. Die Seitenansicht zeigt, daß die Schornsteine bleistiftdünn waren, und der Blick von oben läßt die Ausmaße des Hauptdecks erkennen wie auch die Anordnung der Rettungsboote, darunter zwei Dampfbarkassen.

des folgenden Jahrhunderts auf den Weltmeeren erscheinen sollten, war die 17 000 BRT verdrängende *Great Eastern*. Sie war, zumindest nach Meinung ihres Schöpfers, des genialen Isambard Kingdom Brunel, die schwimmende Krönung von Britanniens großartiger Überlegenheit, einfach ein Wunder. Etwas objektivere Kritiker meinten allerdings, sie sei ihrer Zeit weit voraus. Bei ihrem Stapellauf war sie jedenfalls fünfmal größer als jedes andere Schiff auf dem Ozean; als Passagierdampfer hatte sie fünf Schornsteine und sechs Masten! In jeder Beziehung ein Koloß, wurde sie nicht nur durch Schaufelräder und zusätzlich eine Schraube angetrieben; sie besaß auch eine komplette Segelausrüstung. Die zehn Dampfkessel wurden durch hundert Feuertüren mit Kohle beschickt!

Die *Great Eastern* war ursprünglich für den Langstreckendienst zwischen England und Australien konzipiert, doch hat sie diese Route nie befahren. Statt dessen wurde sie wegen des ständig steigenden Verkehrs auf dem Nordatlantik eingesetzt. Trotzdem – sie war ein Monster, ein weißer Elefant, und brachte nie Gewinne ein. Sie war einfach zu gewaltig für ihre Zeit; verschiedene kostspielige Unfälle verdunkelten ihr Bild, und mehrere Unternehmen gingen ihretwegen in Konkurs. Zum Schluß fristete sie ihr Dasein als Kabelleger, bevor sie, endgültig vertäut, als schwimmendes Kirmes- und Vergnügungsetablissement diente. Trotzdem: Rückschauend betrachtet, hat sie viele Menschen beeindruckt; sie war sozusagen ein Blick in die Zukunft. Und wenn auch noch etwa vier Jahrzehnte vergehen sollten, bevor größere Schiffe in Dienst gestellt wurden, war sie doch ein echter Vorläufer der »Ozeanriesen«.

Um 1890 ging es allen Atlantik-Reedereien wirtschaftlich gut, manchen sogar glänzend. Die Aussichten für die Personenschiffahrt waren sehr ermutigend. Vier von fünf Reisenden der 2. und 1. Klasse waren Amerikaner, unterwegs in Geschäften oder zum Vergnügen, etwa im Rahmen ihrer protzigen Kavalierstouren. Ferner gab es die profitable, ständig wachsende Masse

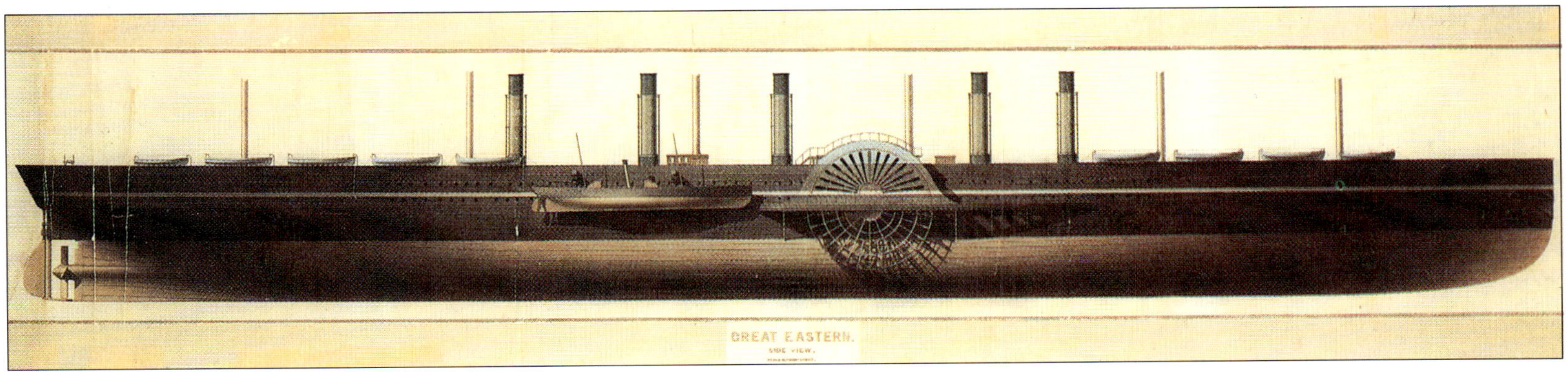

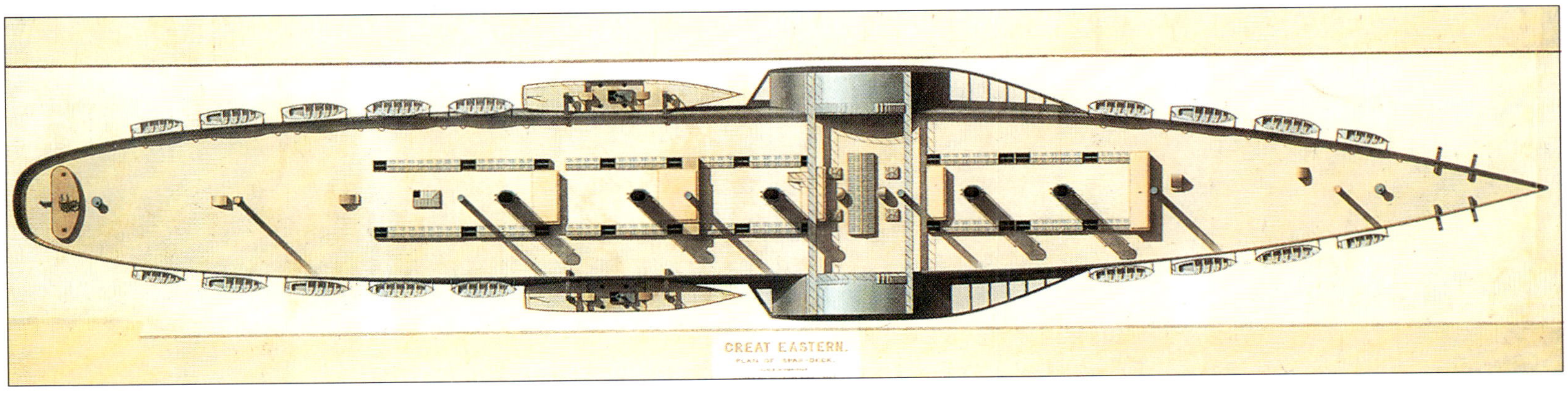

der Auswanderer, die dritter Klasse oder im Zwischendeck reisten. Alle diese Fahrgäste, ob sie nun 500 Dollar für eine üppig ausgestattete Suite bezahlten (1890) oder sechs Dollar für ein schmales Zwischendeck-Bett, hatten ihre Wünsche. Alle wollten auf größeren, schnelleren und sichereren Schiffen reisen. Und die Reedereibosse in den getäfelten Direktionsetagen von London und Liverpool, Bremen und Hamburg oder New York gaben dem Publikum, was es wollte. Um 1888/89, als die letzten Segel zugunsten der Dampfmaschine in der Passagierschiffahrt verschwanden, tauchten vier nachmals berühmte Schiffe auf. Wie üblich, zeigten alle den Union Jack. Jedes war über 9000 BRT groß und lief nicht weniger als 20 Knoten. Zwei, die *City of New York* und die *City of Paris*, gehörten der Inman Line; die beiden anderen der White Star: *Majestic* und *Teutonic*. Die beiden ersteren mit drei Schornsteinen und elegantem Clipper-Bug gingen später in amerikanischen Besitz über. Die beiden anderen waren die gefährlichsten Konkurrenten von Englands Großreederei, eben der Cunard.

Cunard schlug 1893 zurück, ebenfalls mit einem Paar phantastischer Schiffe: *Campania* und *Lucania*. Mit je 11 700 BRT und sagenhaften 22 Knoten waren diese Wunderschiffe die größten und schnellsten auf dem Atlantik. Sie waren die ersten Schiffe mit elektrischer Beleuchtung, hatten Drehstühle im Restaurant, vergoldete Orgelpfeifen und Perserteppiche in den Gängen.

Der deutsche Kaiser war an jenem Sommernachmittag 1889 vor Spithead jedoch nicht von einem »Cunarder« so begeistert, sondern von einem Konkurrenzschiff, nämlich White Stars *Teutonic*. Der Charme dieses Personendampfers überstrahlte noch die eindrucksvollen düsteren Schlachtschiffe. Der Kaiser war bei seinem Besuch an Bord mehr als angetan von der Qualität ihrer Ausstattung: Sessel und Sofas waren lederbezogen; man fand viele künstlerische Schnitzereien; die Beschläge waren vergoldet, und dann – überall elektrisches Licht! Am meisten aber faszinierten ihn die generelle Konstruktion und die völlig neue, doppelte Einsatzmöglichkeit der *Teutonic*: Ihr Rumpf war teilweise gepanzert, und auf den oberen, offenen Decks waren hier und da kleine Geschütze montiert! So konnte sie in Kriegszeiten als Hilfskreuzer dienen. Ein Passagierschiff, das auch als Kriegsschiff genutzt werden konnte: Das interessierte den Kaiser brennend! Im Geiste sah er deutsche Mehrzweck-Schiffe, aber natürlich größer und schnel-

ler. Es heißt, beim Verlassen der *Teutonic* habe er gesagt: »So etwas müssen wir auch haben!«

Zu jener Zeit war Deutschland auf dem Weg zur bedeutenden Seemacht; da waren Ozeanriesen am besten geeignet, diese Tatsache zu verdeutlichen. Und dann sollte auch alle Welt von den technologischen und industriellen Fähigkeiten des Landes überzeugt werden. Deshalb mußten solche Schiffe von Deutschen in Deutschland gebaut werden und nicht etwa auf den bewährten englischen Werften. Natürlich mußte man dazu auf englische Erfahrungen und technische Kniffe wie auch entsprechende Spezialisten zurückgreifen, die man, hatte man erst ihre Kenntnisse übernommen, nach Belfast oder Glasgow zurückschicken konnte. Das war der Anfang des Zeitalters von *Kaiser Wilhelm der Große* und dem ersten deutschen Rekordschiff. Der Wettbewerb auf dem Atlantik sollte niemals mehr so sein wie bisher.

Zwei Reedereien teilten sich die deutsche Präsenz auf dem Atlantik: die Hamburg-Amerika Linie und der Norddeutsche Lloyd. Beide verfügten über zahlreiche Schiffe; die Passagierdampfer waren von durchschnittlicher Qualität und liefen nicht nur nach New York, sondern auch nach Westindien und Südamerika, nach dem Fernen Osten und Australien. Beide Gesellschaften schienen bis in die 90er Jahre des vorigen Jahrhunderts nicht an Riesenschiffen oder

Die *City of New York* war zu ihrer Zeit (um 1880) der typische Linien-Dampfer. Die hübschen Löffel (gegenüberliegende Seite) waren Andenken, die bis auf den heutigen Tag erhalten blieben. Über 2 000 verschiedene besitzt ein Sammler! – Das Leben an Bord (Bild oben) war vor der Jahrhundertwende, als größere Schiffe zum Einsatz kamen, nicht immer so gemütlich. Stürme, rauhe See oder gar Blizzards waren bei den Kapitänen der Passagierdampfer sehr gefürchtet.

Als die Kaiser Wilhelm der Große *1897 in Dienst gestellt wurde, strahlte ganz Deutschland vor Stolz. Nicht nur, daß sie unter deutscher Flagge lief: Man hatte sie auch selbst konstruiert und gebaut! Jetzt waren die Werften in Großbritannien nicht mehr die einzigen, die Ozeanriesen bauen konnten. In Hamburg und Stettin, Bremen und Bremerhaven gab es qualifizierte und ernstzunehmende Konkurrenten.*

Rekorden interessiert zu sein. Dann änderte sich diese Einstellung, teils durch direkten kaiserlichen Einfluß, teils aber auch durch die ständig wachsenden Anforderungen des Marktes und die sich daraus ergebenden Gewinnmöglichkeiten. Es gab noch eine dritte Ursache: Die deutschen Schiffe waren überaltert und mußten durch Neubauten ersetzt werden, die natürlich größer, schneller und besser als die britische Konkurrenz sein mußten.

Selbstverständlich gab es auch Konkurrenz zwischen den beiden deutschen Großreedereien, und so gingen beide sofort daran, größere Passagierdampfer zu konzipieren, als die Wünsche des Kaisers bekannt wurden. Berlin wollte unbedingt größere und möglichst auch schnellere Schiffe, als England sie hatte. Der Lloyd schien zunächst die Nase vorn zu haben. Er tat sich mit den Stettiner Vulkan-Werken zusammen und forderte: »Baut uns den schnellsten Dampfer der Welt, und wir kaufen ihn. Ist er das nicht, könnt ihr ihn behalten.« Die Entwicklungsabteilung von Vulkan antwortete mit dem Entwurf eines langen, schlanken Schiffes, das mit der leistungsfähigsten Antriebsanlage aller Zeiten ausgerüstet sein sollte. Zum sichtbaren Beweis dessen waren, ebenfalls erstmalig, vier Schornsteine vorgesehen.

Für Wilhelm II. erfüllte sich ein Traum; das war sozusagen *sein* Wunderschiff. Dem Stapellauf im Mai 1897 wohnte Majestät persönlich bei. Das Schiff wurde auf den Namen seines Großvaters – Wilhelm I. –, des ersten deutschen Kaisers seit der Reichsgründung 1871, getauft. Selbst in unfertigem Zustand wirkte es an seinem Liegeplatz kraftstrotzend, aber elegant. Entsprechend dem überschäumenden Optimismus sollten vier Schiffe dieses Typs gebaut werden, die Mindestzahl, um einen wöchentlichen Liniendienst über den Nordatlantik zu betreiben.

Die Jungfernreise der *Wilhelm der Große* sollte zu einer der spektakulärsten überhaupt werden. Deutschlands Macht sollte für jedermann sichtbar werden. Zwischen zwei langen Masten war die Takelage verspannt, die vier Schornsteine zeigten das Reedereiemblem in Ockergelb. Die Inneneinrichtung enthielt viel kunstvoll verarbeitetes Holz und Kristall-Leuchter, Samtsofas und Brokatvorhänge, säulengestützte Gesellschaftsräume, mamorne Kamine und bunte Glasfenster, wie man sie bisher nur in Kirchen fand. Diese prächtige Ausstattung sollte bewußt überwältigen (das blieb über Jahrzehnte so). Sie sollte bei den Fahrgästen unauslöschliche Eindrücke hinterlassen. Sie mußte palastartig, luxuriös sein – eine schwimmende Traumwelt. Die *Wilhelm der Große* hatte Platz für nicht weniger als 558 Passagiere der 1. Klasse (die einwöchige Über-Fahrt in einer Spezialsuite kostete pro Person 2 000 Dollar). Die 2. Klasse bot Platz für

Stolz, gewaltig und vor allem solide wirkend, war die *Kaiser Wilhelm der Große* das größte Fahrgastschiff der Welt – ein geschätzter und vielbeneideter Titel, als sie 1897 fertiggestellt war. Der stählerne Rumpf war schlank und elegant; die plumpen, aufwendigen Stilelemente der Raddampfer gab es nicht mehr. Mit diesem deutschen Schiff begann eine neue Ära der Passagierschiffahrt: die der Ozeanriesen, der Windhunde des Atlantik. Zukünftige Neubauten konnten nur noch größer und aufwendiger werden.

England antwortete 1899 auf die *Kaiser Wilhelm der Große* mit der *Oceanic* (unten), aber 1901 hatten die Deutschen bereits ein noch größeres Schiff, die *Kronprinz Wilhelm*. – Fotos aus der Frühzeit der Passagierschiffe sind sehr selten. Eine der wertvollsten Sammlungen dürfte in den Archiven der Hamburg-Amerika Linie ruhen. Fotos und Negative von unschätzbarem Wert sind dort peinlich genau sortiert – selbst Aufnahmen von Reisenden sind nach Klassen geordnet.

338 Reisende in Kabinen, die um ein geringes kleiner und weniger komfortabel waren. Im besonders ertragreichen Zwischendeck kamen 1 074 Menschen für je 10 Dollar über den Atlantik.

Die *Kaiser Wilhelm der Große* betrat die atlantische Bühne im Herbst 1897. Für die Reise nach New York brauchte sie eindrucksvolle fünf Tage und zwanzig Stunden; das war ein Durchschnitt von 22,35 Knoten. Damit hatte Deutschland das Blaue Band und sollte es in den nächsten zehn Jahren nicht mehr abgeben. Die Engländer, und vor allem der Nordatlantik-Marktführer, die Cunard Line, waren aufgeschreckt, ja wütend. Um 1899, zwei Jahre später, kam ihre Reaktion in Form der *Oceanic* der White Star Line. Mit ihren 15 480 BRT verdrängte sie die deutsche »Kaiser«, die es nur auf 12 870 BRT brachte, vom ersten Platz und war nun »die Größte«. Schiffe mit solchen herausragenden Merkmalen wie »am größten« oder »am schnellsten« waren immer sehr populär. Das waren Wettbewerbsvorteile, die sie besonders wirtschaftlich

machten. Auch die Hamburg-Amerika Linie blickte neidvoll auf das neue Flaggschiff des Lloyd, ihres Rivalen. Sogleich wurde ein eigenes Rekordschiff in Angriff genommen, das mit

14 400 BRT deutlich größer sein sollte. Der Konkurrenzkampf zur See wurde nicht nur zwischen den Nationen, sondern auch zwischen Reedereien ausgetragen, selbst denen gleicher Staatsflagge. Das neue Schiff eroberte 1900 leicht das Blaue Band. Es hieß *Deutschland*, besaß ebenfalls vier Schornsteine, wirkte sehr eindrucksvoll und vielleicht etwas verspielt und war wenigstens zu Beginn sehr populär. Allerdings offenbarte es Schwächen, die Besitzer von schnellen Schiffen beunruhigen mußten. Die *Deutschland* war zwar sehr schnell, doch ging das zu Lasten der Passagiere. Es gab Vibrationen und Erschütterungen sowie erhebliche Geräuschbelästigungen von den riesigen Vierfach-Expansions-Dampfmaschinen. Die White Star Line hatte schon früher erklärt, daß sie eher auf Höchstgeschwindigkeit verzichten würde, als den Reisekomfort zu beeinträchtigen. Nun beschritt auch die Hamburg-Amerika Linie diesen Weg. Diese beiden Großreedereien sollten in Zukunft Komfort und Luxus über Rekordgeschwindigkeiten setzen. Die elegante *Deutschland* schaffte es zwar, das Blaue Band bis 1906 zu halten, aber sie kostete eine Menge Geld. Ein wirtschaftlich erfolgreiches Schiff war sie nie.

Der Norddeutsche Lloyd baute wie geplant drei weitere Großschiffe: 1901 die *Kronprinz Wilhelm*, 1903 die *Kaiser Wilhelm II.* und schließlich 1906 die *Kronprinzessin Cecilie*. In diesen

Zeiten des rauhen Wettbewerbs galten die beiden letzteren wieder als »die größten der Welt«. Aber nicht alle Blütenträume reiften, nicht einmal bei der peniblen Konstruktion deutscher Ozeanriesen. Diese beiden Schiffe sollten nicht nur groß, sondern auch besonders schnell sein. Aber die Berechnungen ihrer Leistungsreserven waren wohl zu optimistisch gewesen. Gerade zwei Jahre lang trug die *Kaiser Wilhelm II.* das Blaue Band (1906/7); die *Kronprinzessin Cecilie* gar brachte es nie zu einer Rekordfahrt.

Immerhin: Mit seinen vier »Windhunden« wickelte der Lloyd einen Atlantikverkehr von uhrwerksmäßiger Präzision ab. Wöchentliche Abfahrten von Bremerhaven über Southampton und Cherbourg nach New York (die Pier lag jenseits des Hudson River, in Hoboken) machten die Reederei nicht nur beliebt, sondern auch außerordentlich erfolgreich. Es hieß von ihren Schiffen: »Die besten Hotels der Welt können sich keiner großartigeren Ausstattung rühmen!« Jedes neue Schiff schien mit noch mehr Marmor und Gold und jeder Art Luxus zu glänzen. Übrigens betrieb der Lloyd als eine der ersten Reedereien planmäßig Marketing: Die Öffentlichkeit setzte sehr bald die vier mächtigen Schornsteine mit Geschwindigkeit, Größe, Komfort und Sicherheit gleich. Der letztere Punkt galt vielleicht am meisten bei den oft besonders um ihr Wohlergehen besorgten Zwischendeck-Passagieren. Jedermann wollte am liebsten auf einem Schiff mit möglichst vielen Schornsteinen reisen. Da schon die mit drei Schloten sehr geschätzt waren, galten die Vier- Schornsteiner natürlich als das Optimum.

Alle diese deutschen Großschiffe kamen nicht heil durch den Ersten Weltkrieg. Ausgerechnet das Land, das sie und viele andere kleinere Fahrgastschiffe geschaffen hatte, war nun für ihren Untergang verantwortlich. Die *Kaiser Wilhelm der Große* sank als Hilfskreuzer vor Westafrika in den ersten dunklen Kriegstagen des August 1914. Die so problemreiche *Deutschland*, zunächst zum Kreuzfahrer *Viktoria Luise* umgebaut, diente noch kurze Zeit unter dem Namen *Hansa* als Emigrantenschiff. Die anderen drei kamen während des Krieges in amerikanischen Besitz und brachten als Truppentransporter amerikanische Landser nach Westeuropa, die dort in den Schützengräben gegen die Deutschen kämpften. Die heruntergekommene und ausgelaugte *Kronprinz Wilhelm* wurde bald danach verschrottet, während die *Kaiser Wilhelm II.* und die *Kronprinzessin Cecilie* in die hintersten Hafenbecken des Chesapeake verbannt waren, wo sie vergeblich darauf warteten, wieder instandgesetzt zu werden. 1940 endlich kamen auch sie unter den Schneidbrenner.

Es ist schon seltsam, daß die Amerikaner sich nicht stärker am Passagierverkehr über den Atlantik beteiligten. Im günstigsten Fall waren Bemühungen wie die der American Line halbherzig und von wenig Erfolg gekrönt. Amerika blickte wohl lieber nach Westen, wohin die Nation sich ausdehnte, als ostwärts in die europäische Vergangenheit. Es ist nicht ohne Ironie, daß die *Leviathan*, der größte Ozeanriese unter dem Sternenbanner, gar nicht in den Staaten gebaut wurde, sondern eine Siegerbeute aus dem Ersten Weltkrieg war.

WAR
AMERICAN LINE
NEW YORK
Southampton - London - Cherbourg - Paris
PEACE

Die schwimmenden Paläste

Das Erscheinen der vier großen deutschen Schiffe, beginnend mit der schnellen *Kaiser Wilhelm der Große*, war für England und seine jahrzehntelange Vorherrschaft auf dem Nordatlantik ein böses Erwachen, ja ein Schock. Dagegen mußte unbedingt etwas getan werden. Der Überseehandel war in ständiger Ausweitung begriffen – es gab immer mehr Reisende, meistens Amerikaner in der 1. und 2. Klasse, und in den Zwischendecks und der 3. Klasse zogen Millionen Menschen gen Westen. Größere Schiffe waren das Gebot der Stunde und versprachen große Gewinne.

Die Engländer wollten vor allem die Ehrentitel »Schnellstes Schiff« und »Größtes Schiff« zurückhaben für Ozeandampfer unter dem Union Jack. Aber sie mußten ein ganzes Jahrzehnt darauf warten, bis das Blaue Band wieder auf einem ihrer Schiffe wehte. Die *Kaiser Wilhelm der Große* besaß es drei Jahre lang ab 1897; dann ging es an die *Deutschland*, die bis 1906 ungeschlagen blieb. Dann folgte noch für zwei Jahre, bis 1907, die *Kaiser Wilhelm II.* Erst danach konnten die Engländer wieder mit einem Erfolg aufwarten.

Der Kampf um »das Größte in der Welt« zwischen Briten und Deutschen war geradezu mörderisch, symbolisch für die technischen Fortschritte der Nationen, vor allem aber für die

Der luxuriöse Glanz der Ozeanriesen war überwältigend. Vor allem die French Line wurde berühmt für die unglaubliche Ausstattung ihrer Schiffe. Ein Beispiel ist der pompöse Treppenaufgang im drei Decks hohen Hauptrestaurant.

Kunst des Schiffbaus, die zu der Zeit gewaltige Fortschritte machte. 1897 lag die *Kaiser Wilhelm der Große* mit 14 300 BRT an der Spitze, wurde aber schon zwei Jahre später von der englischen *Oceanic* mit 17 200 BRT übertroffen. Ihre Reederei, die White Star, überbot den eigenen Rekord bereits nach weiteren zwei Jahren mit den Schwesterschiffen *Celtic* und *Cedric* (je 20 000 BRT). Bei der Planung dieser Schiffe waren Management und Designer der Gesellschaft bemerkenswerterweise recht konservativ vorgegangen: Obwohl drei oder vier Schornsteine auf dem Nordatlantik eigentlich ein »Muß« waren, begnügten sie sich mit zweien, gaben ihren Schiffen dafür aber vier Masten. Sie meinten, die Erinnerung an die glorreichen Zeiten der Segler im vorangegangenen Jahrhundert würde die Entscheidung der Reisenden für ihre Linie günstig beeinflußen. Die Idee war richtig, und auch die beiden nächsten Neubauten der White Star mit je 21 420 Tonnen (1904 *Adriatic* und 1906 *Baltic*) bekamen ihre vier Masten. Wieder einmal besaßen die Briten die größten Dampfer, aber noch 1906 schlugen die Deutschen mit der 24 500 BRT großen *Kaiserin Auguste Viktoria* zurück. Und noch größere Schiffe lagen schon auf den Helligen.

Die Aquitania *war 1914 der letzte Nordatlantik-Dampfer mit vier Schornsteinen. Zwar wurden 1920–22 noch zwei Schwesterschiffe,* Arundel Castle *und* Windsor Castle, *in Dienst gestellt, jedoch für den Verkehr mit Südafrika. Sie alle überlebten den Zweiten Weltkrieg nicht, außer der* Aquitania. *Sie war der letzte »Vier-Schornsteiner« und wurde 1950 verschrottet.*

Die neuen Dampfer waren so unverschämt protzig wie ihre Vorgänger. Die Salons der *Celtic* waren mit Intarsienarbeiten verkleidet; die Badewannen der 1. Klasse auf der *Adriatic* waren aus Marmor. Die *Kaiserin Auguste Viktoria* bot ihren 1.-Klasse-Reisenden die absolute Neuheit eines Grill Rooms, der vom Hauptspeiseraum getrennt war und nur gegen Entrichtung einer besonderen Gebühr benutzt werden konnte. Die Speisekarte wußte Gourmets zu erfreuen:

Schildkrötensuppe, frischer Hummer, Steaks vom Grill oder Zanderfilet wurden angeboten. Die Passagiere konnten jederzeit dinieren und wurden von weißbehandschuhten, hackenschlagenden Kellnern verwöhnt. Doch auch auf anderen Schiffen nahmen die Restaurants an Größe und Pracht zu. Gesellschaftsräume dehnten sich über die ganze Schiffsbreite. Hier und da gab es schon Fahrstühle; Turnsäle und Schwimmbäder wurden eingebaut. Und in dem Bemühen, die Fahrgäste vergessen zu lassen, daß sie sich auf einem Schiff befanden, errichtete man Wintergärten mit üppigen Pflanzen, Bäumen und Rattanmöbeln. Das Schiff begann einem im Ozean schwimmenden Garten ähnlich zu werden.

Die Auswanderer bildeten aber nach wie vor die wirtschaftlich wichtigste und damit begehrteste Fahrgastgruppe. Obwohl sie nur zehn Dollar für die Überfahrt bezahlten, waren doch Verpflegung, Bequemlichkeit und Platzangebot so gering, daß diese kleine Summe, mit etwa dreitausend multipliziert, die Tresore der Reedereien füllte. Die Zahlen waren aber auch herzerfrischend: Zwischen 1900 und 1914 fuhren gut 12 Millionen Menschen in der 3. Klasse oder im Zwischendeck von Europa nach Amerika. 1914 war jeder dritte US-Amerikaner im Ausland geboren!

In den ersten Jahrzehnten des 20. Jahrhunderts wurde noch viel experimentiert. Die englische *Cedric* von 1903 z. B. (gegenüberliegende Seite) wirkte konservativ: ein sachliches, fast schlichtes Erscheinungsbild; die vier hohen Masten sollten bewußt an die Segelschiffzeit erinnern. Zum Vergleich: Etwa 20 Jahre später versuchten die Italiener es mit riesigen, viel Platz bietenden Sonnendecks, gekachelten Schwimmbecken, Freiluft-Bars und echtem Sand . . .

Im ersten Jahrzehnt dieses Jahrhunderts kamen täglich bis zu 12 000 Einwanderer in New York an! Die Schiffe mußten vor der Quarantäne-Station vor Anker gehen, und alle Passagiere aus dem Zwischendeck und der 3. Klasse wurden auf Fähren und Barkassen nach Ellis Island gebracht.

Die Auswanderer hausten in schlecht gelüfteten, oft qualvoll engen Räumen, die meistens im Schiffsinneren lagen. Die Unterkünfte mußten im allgemeinen auch als Eßräume dienen. Manchmal trauten sich 1.-Klasse-Passagiere, ihre Luxuswelt auf den Oberdecks hinter sich zu lassen und ins Zwischendeck zu klettern, um sich dort umzusehen. Der umgekehrte Fall war undenkbar. In späteren Jahren wuschen und bügelten weibliche Auswanderer in dem Bemühen, ihr Startkapital für das Leben in der »Neuen Welt« etwas aufzubessern, die Wäsche der »besseren« Passagiere, meist der 1. Klasse.

Um die Jahrhundertwende besserten sich die Verhältnisse in den Zwischendecks allmählich. Es gab jetzt medizinische Betreuung. Manche Emigrantinnen versuchten es einzurichten, daß die letzten Tage ihrer Schwangerschaft in die Zeit der Überfahrt fielen, so daß ihre Kinder im Schiffshospital zur Welt kommen konnten. Die meisten Auswanderer mußten Bettzeug und Verpflegung selbst mitbringen. Es war der Norddeutsche Lloyd, der zuerst Email-Geschirr für die Dauer der Überfahrt leihweise zur Verfügung stellte. Und als der Kampf um die Passagiere immer heftiger wurde, schenkte die gleiche Reederei jedem Auswanderer auf ihren Schiffen eine Wolldecke. Viele ausländische Schiffahrtslinien richteten in den Abgangshäfen ärztliche Untersuchungsstellen ein, um den Ausreisenden die gefürchteten, oft peinlichen Methoden auf Ellis Island zu ersparen. Andere Gesellschaften richteten Zubringerdienste ein, oft mit Hilfe kleinerer Schiffe, die die Auswanderer aus ihren Heimatländern zu den Abgangshäfen der Überseedampfer brachten. Die meisten Linien stellten mittlerweile auch Liegegelegenheiten zur Verfügung, oft in Form von Strohsäcken, und die French Line ging 1906 dazu über, ihre Zwischendecks nicht nur mit Bullaugen, sondern sogar mit elektrischem Licht auszustatten. Den ausgefeiltesten Emigranten-Service bot aber wohl die Hamburg-Amerika Linie an: Auf der Veddel, einer Insel nahe dem Hamburger Hafen, hatte sie ein Dorf eingerichtet, wo die Auswanderer bis zur Einschiffung solche Annehmlichkeiten wie Wäscherei, Desinfektionsanstalt und sogar eine Blaskapelle zur Unterhaltung vorfanden. Auf dem Höhepunkt des Auswanderergeschäftes, um 1913/14, als noch keine Einwanderungsbeschränkungen in der Neuen Welt bestanden, gab es auf

Zwischendeck-Unterkünfte waren meistens erheblich schlichter als dieser Speisesaal auf dem deutschen Ozeanriesen *Imperator*. Manchmal mußten die Auswanderer Bettzeug und Verpflegung für ihre Überfahrt mitbringen.

den ganz großen Schiffen wie der deutschen *Vaterland* richtige Speisesäle im Zwischendeck mit livrierten Stewards!

Die Passagierschiffahrt war zum großen Geschäft geworden. 1902 versetzte der amerikanische Finanzmagnat J. P. Morgan den Briten einen weiteren Schlag, indem er nicht weniger als sechs britische Reedereien aufkaufte und daraus die »International Mercantile Marine« bildete. Darunter befanden sich so renommierte Firmen wie Red Star, Dominion und Leyland. Das Juwel war jedoch das gesamte Aktienkapital der mächtigen White Star: einer der größten und glänzendsten Namen in der Passagierschiffahrt. Das White-Star-Geschäft kostete Morgan horrende 25 Millionen Dollar – in Gold. Die britische Regierung war zutiefst erschüttert, ja beleidigt. Zuerst

Die *Mauretania* war gewiß eines der berühmtesten Schiffe aller Zeiten. 22 Jahre lang war sie im Besitz des Blauen Bandes, länger als jedes andere Schiff. – Hier liegt sie in Southampton anläßlich der jährlichen Generalüberholung.

hatten die Deutschen plötzlich größere und schnellere Schiffe, und nun gehörte die White Star Line den Amerikanern! (Allerdings sollte ihr Erscheinungsbild britisch bleiben, mit englischen Besatzungen, der traditionellen Reedereiflagge und Firmensitz wie bisher in London.) Wieder mußte gehandelt werden, und diesmal noch dringender als je zuvor. – Morgan hatte in der Tat die Kaufwut. Nach dem fehlgeschlagenen Versuch, eine deutsche Gesellschaft zu kaufen, richtete er seine begehrlichen Blicke auf die Cunard Line. Die britische Regierung wollte davon natürlich nichts wissen. Im Gegenteil, die Regierung bot der Firma eine höchst attraktive, unwiderstehliche Alternative an: ein zinsgünstiges Darlehen von 2,6 Millionen britischen Pfund, um zwei Expreßdampfer zu bauen, groß und schnell genug, um die Deutschen zu übertreffen, und dazu eine jährliche Betriebskosten-Unterstützung von 150 000 Pfund. Cunard mußte als Gegenleistung garantieren, mindestens 20 Jahre lang britisch zu bleiben. Natürlich nahm die Reederei das Angebot an und bestellte sofort zwei Superschiffe, die legendäre *Mauretania* und die unvergeßliche *Lusitania*.

Beim Bau konnte man auf kürzlich gemachte Erfahrungen eines mutigen Experiments

Um die Jahrhundertwende ermöglichten vier deutsche Schnelldampfer einen wöchentlichen Nordatlantik-Dienst. Cunard und White Star setzten mit je drei Superschiffen dagegen.

zurückgreifen: Seit 1905 lief bei Cunard ein Test mit zwei nagelneuen Schwesterschiffen von je 19 500 BRT. Die *Carmania* war mit modernen Dampfturbinen ausgerüstet, der neuesten Errungenschaft auf dem Gebiet der Schiffsantriebe. Die *Caronia* hingegen besaß herkömmliche Vierfach-Expansions-Dampfmaschinen. Es zeigte sich, daß die *Carmania* nicht nur schneller, sondern auch leistungsfähiger und wirtschaftlicher war. Der erfolgreiche neue Turbinenantrieb sollte noch schnellere Schiffe ermöglichen, geeignet als Rekordbrecher auf der Atlantikroute. Vier riesige Turbinen sollten in diese Dampfer eingebaut werden. Damit konnte eine Antriebskraft erzeugt werden, die um 75 Prozent höher lag als die vergleichbarer Schiffe, welche sich der herkömmlichen Kolbendampfmaschinen bedienten. Und sie sollten natürlich viel schneller als die deutschen Vier-Schornsteiner sein.

Nach alter Cunard-Tradition erhielten die Superschiffe die Namen von Provinzen des römischen Imperiums: *Mauretania* für Marokko und *Lusitania* für Portugal. Erstere wurde in Newcastle gebaut, die andere in Schottland am River Clyde, einem der bedeutendsten Schiffbauzentren der Welt. Mit ihren 32 000 BRT waren sie die größten ihrer Zeit. Ihre Länge betrug knapp 244 Meter; acht Decks türmten sich übereinander. Sie hatten 25 Dampfkessel mit 192 Feuerlöchern. Die Kohlenbunker faßten die Ladung von mehreren hundert Güterwagen, der Tagesverbrauch lag bei fast eintausend Tonnen Kohle! Als erste Schnelldampfer schafften sie den Atlantik in weniger als fünf Tagen. Die *Mauretania* war etwas schneller; ihre Bestzeit betrug vier Tage und 19 Stunden. Sie blieb, zur Freude und zum Stolz Englands, bis 1929 ungeschlagen, 22 Jahre lang! Natürlich wurden während dieser Zeit immer größere Schiffe in Dienst gestellt, doch keines von ihnen hatte genügend Kraftreserven, um den Rekord der *Mauretania* einzustellen. Erst im Sommer 1929 wurde ihr das Blaue Band entrissen, und zwar wieder von einem deutschen Schiff, der *Bremen*. Mit dem betagten Cunarder wurde ein letzter Versuch unternommen, die Trophäe zurückzuholen; selbst die Ausstattung wurde reduziert, um eine höhere Geschwindigkeit zu erreichen. Es blieb ein verzweifeltes, vergebliches Bemühen.

Natürlich waren die *Mauretania* und die *Lusitania* prächtig ausgerüstete Schiffe, wenn auch traditioneller, vielleicht schlichter im Vergleich zu den protzigen, goldglänzenden deutschen Konkurrenten. Der Gesamteindruck war, wie bei vielen zukünftigen britischen Dampfern, und vor allem den Cunarders, solide und zuverlässig, nicht aber extravagant. Die Hauptelemente der Ausstattung glichen sich mehr oder weniger: Für die Gesellschaftsräume kam italienische oder französische Renaissance in Frage. Die Speisesäle waren in Natureiche gehalten und hatten gläserne Decken. In den Kabinen dominierten etwa Sheraton oder Chippendale. Die Rauchsalons waren italienischen Villen nachempfunden unter Verwendung bester englischer und französischer Furniere. Selbst die Armaturen der Bäder glichen sich; sie waren verchromt und in der ersten Klasse versilbert.

Nach dem ursprünglichen Entwurf sollten die beiden neuen Cunard-Expreßschiffe *Mauretania* und *Lusitania* (1907) nur drei Schornsteine haben. Aber weil sie die deutschen Vier-Schornsteiner überflügeln sollten, verpaßte man ihnen die gleiche Anzahl. Letztlich waren fast alle Details in Ausstattung und Formgebung durch den scharfen Wettbewerb bestimmt.

Alle Welt bestaunte die Champions von Cunard: die Deutschen, die britische Konkurrenz (vor allem die White Star Line) und auch die Franzosen. Natürlich waren sie Vorreiter eines neuen Antriebsprinzips – schon bald wurden nur noch Turbinenschiffe gebaut. Aber in dem fortdauernden Wettbewerb um die tüchtigsten Schiffe entstanden auf den Reißbrettern schon bald nur noch Projekte für größere, nicht aber unbedingt schnellere Einheiten. Die White Star

Die Innenausstattungen der Mauretania *und der* Lusitania *waren nicht so üppig wie die der etwas älteren deutschen Konkurrenten. In einigen Details unterschieden sich die Cunarders voneinander, vielleicht, um den Fahrgästen ein Gefühl der Abwechslung zu vermitteln. Präzise Kostenrechnung war zu dieser Zeit noch kein Thema: So wurden zum Beispiel nur für die Ausgestaltung eines Salons der* Mauretania *300 Kunsttischler aus Palästina eingesetzt.*

nahm ein Trio in Angriff, denn so viele Einheiten brauchte man für einen wöchentlichen Liniendienst zwischen Southampton und New York; Cunard plante für den gleichen Zweck ein weiteres Schiff. Auch die Franzosen sollten endlich mit ihrem ersten Ozeanriesen in Erscheinung treten, und in Deutschland war es die Hamburg-Amerika Linie, die den ehrgeizigsten Plan von allen hatte: Es sollten nacheinander drei immer größere Riesenschiffe entstehen, die mächtigsten je gebauten Liner mit einer Wasserverdrängung von erstmals etwa 50 000 BRT. Voller Begeisterung ermunterten die jeweiligen Regierungen diese Projekte und gewährten ihnen finanzielle Hilfen. Schließlich hoben solche Schiffe das nationale Prestige. Sie galten als technische, dekorative Aushängeschilder, als ideale schwimmende Botschafter, vor allem gegenüber den USA. Wiederum, und noch mehr als früher, ging es darum, möglichst eindrucksvolle schwimmende Welten aus Vornehmheit und Luxus zu schaffen. Daneben sahen die Regierungen solche Schiffe aber auch als willkommene Hilfsmittel für Kriegszeiten: Sie ließen sich schnell in bewaffnete Hilfskreuzer, Hospitalschiffe oder aber leistungsfähige Truppentransporter umrüsten. Die Reisenden hingegen, vor allem die der 1. und 2. Klasse, genossen die geschmackvollen Einrichtungen, den Reiz des Neuen und das großzügige Platzangebot. Die einfachen Passagiere schätzten an den Ozeanriesen Sicherheit und ruhige Fahrt über den oft wildbewegten Atlantik.

Ozeanriesen waren die Weltwunder ihrer Zeit, die »größten von Menschen gemachten beweglichen Objekte«. Die Bildtafel setzt den fast 300 Meter langen Dampfer *Olympic* in Vergleich zu einigen weltbekannten Bauwerken wie das Rathaus von Philadelphia, das Washington-Denkmal, den Metropolitan Tower und das Woolworth-Haus in New York oder, aus der Alten Welt: Kölner Dom, Cheopspyramide und Petersdom.

Die drei neuen White-Star-Schiffe sollten die »glänzendsten« Teilnehmer des Atlantik-Wettrennens werden. Im Oktober 1910 lief die *Olympic* als erster Anwärter auf das Blaue Band vom Stapel. Sie wurde im Mai 1911 in Betrieb genommen. Die Kabinen waren den Gegebenheiten der Zeit entsprechend eingerichtet: Für 1 054 Passagiere in der pompösen 1. Klasse, 510 in der etwas einfacheren 2. und 1 020 Reisende in der 3. Klasse. Die Einrichtung verdient nähere Betrachtung. So war zum Beispiel der Hauptsalon der 1. Klasse dem Schloß von Versailles nachgebildet. Der Palmengarten besaß Efeu-Spaliere und Kletterpflanzen; er sollte den Passagieren wenigstens gedanklich einen Strand vorgaukeln. Die Heißluftbäder waren mit arabischen Elementen ausgestattet; da gab es Bronzeleuchter und einen Trinkbrunnen aus Marmor. Squashplätze waren ebenso vorhanden wie die ersten Schwimmbecken auf einem Schiff. Die Kabinen hatten Einrichtungen aus elf verschiedenen Stilrichtungen von Renaissance bis Altdeutsch. Selbst die Betten waren außergewöhnlich; sie galten als die breitesten überhaupt.

Möbel und andere kunsthandwerkliche Gegenstände der Schiffe hatten ein langes Leben, wenn sie von einem Dampfer auf einen anderen gelangten. Die Louisseize-Restaurant-Sessel der Aquitania *etwa wurden 1950 eingelagert. 1956 wurden sie aufgearbeitet und kamen in das 1.-Klasse-Restaurant der nagelneuen* Carinthia *von Cunard. 1968 wurde das Schiff von Cunard außer Dienst gestellt; danach verläuft die Spur dieser langlebigen Stühle im Nebel. Ein anderer Teil der Ausstattung der* Aquitania, *ihre wundervollen Teppiche, kehrte nach dem Zweiten Weltkrieg nicht dorthin zurück, sondern kam auf die* Britannic *bis zu deren Außerdienststellung 1960.*

Als die *Olympic* im Mai 1911 die Werft verließ, nahm der nächste White Star-Ozeanriese ihren Platz am Ausrüstungskai ein: die unvergeßliche *Titanic*. Die Schiffseigner befürchteten, daß sie zu sehr im Schatten ihrer älteren Schwester bleiben könnte. Deshalb, und um ihr ein besonderes Gütesiegel zu verleihen, nannte man sie »sicherstes Schiff der Welt«, praktisch unsinkbar. Um diese zweifelhafte Behauptung zu untermauern, gab es weit weniger Rettungsboote an Bord als erforderlich. Im April startete die *Titanic* zu der berühmtesten, meistbeschriebenen und katastrophalsten Jungfernreise aller Zeiten. Sie stieß mit einem Eisberg zusammen und ging unter. 1 522 Menschen ertranken; weniger als ein Drittel, 705 in allem, wurden gerettet. In Kapitel vier ist mehr über das fürchterliche Ende der *Titanic*, diese erste Katastrophe der neuen Ozeanriesen, nachzulesen.

Eigenartigerweise erreichte auch der dritte White-Star-Riese niemals New York. Noch größer als seine Vorgänger (48 100 BRT), sollte das Schiff *Gigantic* heißen. Nach dem tragischen Verlust der *Titanic* hielt man es für besser, den Namen in *Britannic* zu ändern, unter dem sie 1915 in Dienst gestellt wurde. Da hatte aber schon der Erste Weltkrieg begonnen. So kam es, daß die *Britannic* ihre kurze Laufbahn als Lazarettschiff im Mittelmeer begann. Schon im November 1916, erst ein Jahr alt, lief sie in der Ägäis auf eine Mine und sank.

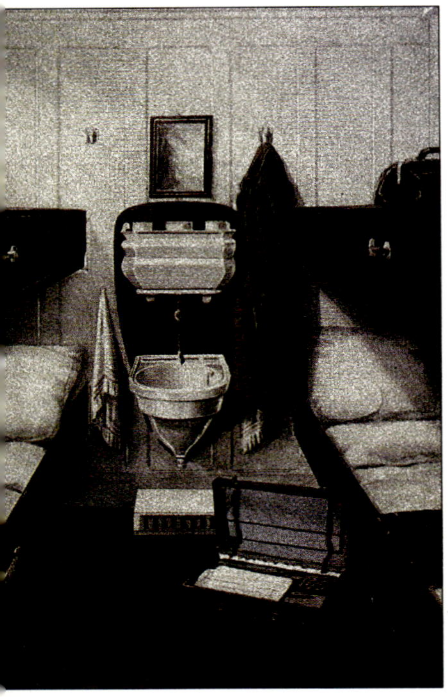

Es waren zweifellos Künstler, die das Erscheinungsbild der frühen Ozeanriesen bestimmten. Sie sollten länger, größer, kraftvoller erscheinen – alles zu dem Zweck, mehr Reisende anzulocken, insbesondere Zwischendeckpassagiere. Man beachte die Ausmaße einer 3.-Klasse-Kabine mit der höchst modernen Wascheinrichtung!

Das dritte Cunard-Riesenschiff wurde auf der berühmten John-Brown-Werft am Clyde gebaut. Es erhielt den Namen *Aquitania*, der römischen Provinz im Süden des heutigen Frankreich. Ebenfalls von vier Schornsteinen gekrönt, die nach Cunard-Art in Schwarz und unverwechselbarem Orangerot gestrichen waren, galt sie von Anfang an als eines der schönsten

Die glanzvolle Ausstattung der Ozeanriesen diente zwei Zwecken: Zum einen sollte Kundschaft vor allem für die 1. Klasse geworben werden; und zum anderen wollte man dokumentieren, daß die Schiffe schwimmende Repräsentanten ihrer Länder waren. Zweifellos gehörte die *Aquitania* zu den besten und wurde zutreffend als »Prachtschiff« bezeichnet. Das Bild zeigt den spektakulären Palladio-Salon.

Schiffe aller Zeiten. Das betraf ihr elegantes, leicht geneigtes Profil ebenso wie ihr Inneres, das scheinbar über Räume aller Stile und Zeiten verfügte. Man fand einen Palladio-Salon, ein Rauchzimmer im karolinischen Stil und ein Louisseize-Restaurant. Der Grill Room war aus der Zeit Jakobs I., das Schwimmbad im Unterdeck ägyptisch nachempfunden. Die *Aquitania* war auch der langlebigste aller »schwimmenden Paläste«. Sie überlebte zwei Weltkriege und nahm als letzter Vier- Schornsteiner sogar Ende der vierziger Jahre noch den Atlantikdienst wieder auf. Erst dann wurde sie nahe der Stelle, wo sie 36 Jahre vorher das Licht der Welt erblickt hatte, verschrottet.

Im April 1909 wurde das neue Flaggschiff der französischen Handelsmarine auf Kiel gelegt. Der Neubau sollte mehr als doppelt so groß sein wie alle früheren französischen Fahrgastschiffe. Ursprünglich sollte das Schiff *La Picardie* heißen, aber beim Stapellauf wählte man dann, im September 1910, den anscheinend passenderen Namen *France*. Die Blicke der ganzen Schifffahrtswelt richteten sich auf die *France*, obwohl England und Deutschland bereits noch größere Einheiten bauten bzw. eifrig planten, denn es schien, daß ihre Ausstattung sie zum pompösesten Luxus-Liner auf dem Nordatlantik machen würde.

Unmittelbar nach dem Untergang der *Titanic*, am 20. 4.1912, stach die *France* von ihrem Hei-

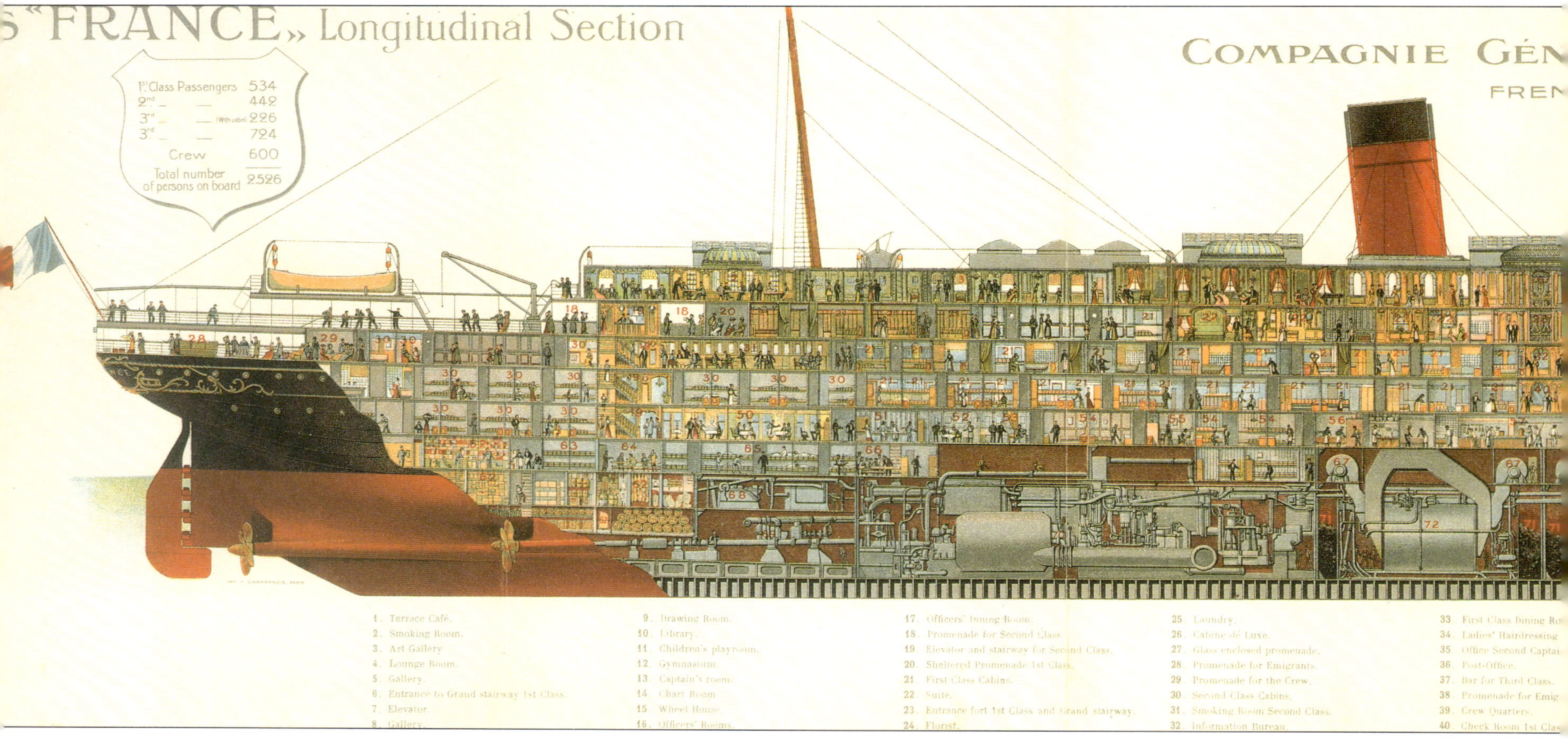

mathafen Le Havre aus in See zu ihrer Jungfernfahrt. Sehr bald hatte sie einen guten Platz im Nordatlantikdienst eingenommen. Ihr Erscheinungsbild wurde nicht nur von ihrem glänzenden Äußeren, sondern auch von ihrer einmaligen Küche geprägt. So nahm sie z. B. zu Beginn jeder Reise 18 Fässer mit Gänseleberpastete an Bord. Schon bald wurde ihre 1. Klasse von der High Society, Millionären und Hochadel, bevorzugt – jener sozialen Schicht, die gewöhnlich nicht nur einmal im Jahr den Atlantik kreuzte. Die *France* mit ihren 23 600 BRT war Vorläufer eines großartigen Quartetts französischer Atlantikschiffe, dessen erster Vertreter mit 34 500 BRT die *Paris* im Jahre 1921 war.

Die Deutschen jedoch schienen in diesen hochgestimmten, fast sorgenfreien Zeiten vor dem Ersten Weltkrieg alle Register zu ziehen. Ihre Hamburg-Amerika Linie war mit mehr als 400 Einheiten im Jahre 1914 die größte Handelsschiffsreederei der Welt. Sie wollte von »den Vettern über dem Kanal«, nämlich Cunard und White Star, nicht an die Wand gedrückt oder gar in den Schatten gestellt werden. Deshalb nahm sie drei Ozeanriesen in Angriff, die alles andere bei weitem übertreffen sollten. Im Juni 1910 wurde ein Schiff auf Kiel gelegt, das mit Recht als »Koloß des Atlantik« bezeichnet wurde.

Längsschnitte der Riesendampfer waren gesuchte Andenken. Sie zeigten scheinbar jede einzelne Kabine, alle Aufgänge und die Kesselräume und gaben so ein anschauliches Bild der »schwimmenden Stadt«. Erinnerungsstücke wie der entzückende Fächer sind heute kostbare Objekte für Sammler maritimer Gegenstände.

Zunächst war *Europa* als Name vorgesehen, doch im Hinblick auf das starke persönliche Engagement Kaiser Wilhelms II. entschied man sich für *Imperator*.

Die technischen Daten dieses Superschiffes mußten den Zeitgenossen fast verrückt erscheinen: 83 Rettungsboote, dazu zwei Motorbarkassen. Allein das Ruder wog 81 Tonnen. Vier vierblättrige Schrauben machten 185 Umdrehungen pro Minute, und die Bunker faßten 8 500 Tonnen Kohle. Die großzügigen Räumlichkeiten boten den Gästen u. a. einen 1.-Klasse-Salon für 700 Personen und einen von einer Glaskuppel überdachten Saal. Das nach pompejanischem Vorbild gestaltete Bad glich aufs Haar einer Anlage im Königlichen Automobilclub zu London. Ein ausgedehnter Gymnastikraum enthielt auch die auf deutschen Dampfern besonders beliebten elektrischen Schlankheitsgeräte. Die Unterkunftsmöglichkeiten gehörten ebenfalls zu den umfangreichsten auf See: Sie reichten für 908 Passagiere in der 1. Klasse, 972 in der 2., 942 in der 3. und 1 772 im Zwischendeck. Die Mannschaft bestand aus 1 180 Personen.

Die *Imperator* mit ihren 52 117 BRT startete ihre Jungfernfahrt in Hamburg (normalerweise wurde Hamburgs Vorhafen Cuxhaven benutzt) mit Ziel New York im Juni 1913. Den Passagieren war ausdrücklich versichert worden, daß es an Bord einen besonders starken Suchscheinwerfer gab, der bei Nacht Eisberge aufspüren sollte, um ein Unheil, wie es der *Titanic* widerfahren war, weitgehend auszuschließen. Das neue Flaggschiff Deutschlands fand viel Beachtung und

Zustimmung, und doch war seine erste Saison von einem sehr ernsthaften Problem überschattet. Der Ruf des Schiffes und damit seine Rentabilität kamen dadurch in große Gefahr: Die *Imperator* war toplastig und hatte ständig leichte Schlagseite! Die Atlantikreisenden, vor allem die Hautevolee der 1. Klasse, pflegten den Klatsch über die Ozeanriesen und diskutierten eifrig

ihre Ausstattung und Mannschaft ebenso wie ihre Schwächen. Die Reederei war daher zu Recht sehr besorgt, und während der ersten Überholungsliegezeit ließ sie die drei gewaltigen Schornsteine (von denen der dritte übrigens lediglich dekorativen Zwecken diente, wie das oft vorkam) um je drei Meter kürzen. So sollte die Schwerpunktlage verbessert werden. Aus dem Schiffsinneren wurden Messingbeschläge und schwere Möbelstücke entfernt, während die Kielräume mit Zement ausgegossen wurden. Selbst ein bronzener Adler, am Bug angebracht zur Erinnerung daran, daß die *Imperator* mit 275 Metern die Cunard-*Aquitania* um einige Meter übertroffen hatte, wurde nicht ersetzt, als er in einem schweren Sturm verlorengegangen war. Alle diese Maßnahmen verbesserten die Lage des Schiffes, und seine Reputation war gerettet.

Unter den luxuriösen Geschäften an Bord der *Imperator* war auch ein Blumenladen (Bild oben). – Die geflügelte Figur (unten) war das Emblem der Hamburg-Amerika Linie.

War die *Imperator* schon der größte Ozeanriese, sollte das Schwesterschiff *Vaterland* sie mit 54 000 BRT noch übertreffen. Ein Vierteljahr vor Ausbruch des Ersten Weltkrieges nahm sie ihren Dienst auf. Als die politische Situation immer bedrohlicher wurde, ließ die Reederei ihr Schiff an der Pier in Hoboken festmachen – eine gewaltige Fehlentscheidung, denn der Krieg war nicht, wie erhofft, nach wenigen Monaten zu Ende. Die Pläne für weitere deutsche Riesendampfer kamen nicht mehr zur Ausführung. Am Ende waren *Imperator* mit kaum mehr als einem Jahr und *Vaterland* mit gar wenigen Monaten nur kurze Zeit unter deutscher Flagge gelaufen; Nummer drei, die *Bismarck*, hat nie eine deutsche Flagge gezeigt.

Die *Vaterland* hatte es trotz ihrer kurzen Einsatzzeit auf dem Atlantik zu viel Lob und Anerkennung gebracht. Sie besaß einen Wintergarten, einen Grill Room, aufwendige Gesellschaftsräume, einen luxuriösen Rauchsalon, ganze Ladenstraßen, eine Bank für alle Arten von Geschäften, ein Reisebüro und, entsprechend der deutschen Vorliebe für harte Körperertüchtigung und kalte Duschen, einen noch aufwendigeren Turnsaal und eine Schwimmhalle. Für allerhöchste Herrschaften gab es zwei besonders großzügig gestaltete Suiten. Unter den technischen Besonderheiten waren die außergewöhnlich starken Bleche des Schiffsrumpfes und eine optimale Feuerschutzeinrichtung bemerkenswert.

Die *Bismarck* lief im Juni 1914 vom Stapel und sollte 1915 in Dienst gestellt werden. Doch nach Kriegsausbruch blieb der Rumpf des 56 500-BRT-Riesen als rostige Ruine unvollendet liegen. Ursprünglich war geplant, daß die Kaiserliche Familie auf der *Bismarck* nach dem Sieg eine Weltreise machen sollte. Aber 1918 hatte Deutschland den Krieg verloren, der Kaiser lebte im Exil und die unfertige *Bismarck* mußte den Alliierten ausgeliefert werden.

Von den in diesem Kapitel erwähnten Ozeanriesen gingen die *Lusitania* und die *Britannic*

Das Motto der Hamburg-Amerika Linie lautete: »Mein Feld ist die Welt«. Ihre Schiffe liefen fast alle Häfen der Welt an, und viele zählten zu den besten auf See. Sie boten jede denkbare Annehmlichkeit, bis hin zum Blumenladen. 1913 besaß die Reederei mit der *Imperator* den größten Fahrgastdampfer der Welt. Hier legt das Schiff vom Kai in Hoboken/New York ab.

im Krieg verloren – sie ruhen bis heute auf dem Grund des Meeres.

Die legendäre *Mauretania*, vielleicht der berühmteste aller Vier-Schornsteiner, machte Liniendienst bis in die harten Jahre der Depression. Dann kam sie in die roten Zahlen; die zurückgehenden Passagierzahlen auf dem Nordatlantik und die Konkurrenz neuerer und schnellerer Ozeanriesen ließen ihre Kabinen leer bleiben. So wurde die alte Dame weiß übermalt und als Kreuzfahrer in die Tropen geschickt. Nicht einmal »Fahrten ins Blaue« blieben ihr erspart. 1935 wurde sie in Schottland abgewrackt.

Die *Olympic* erlitt ein ähnliches Schicksal 1935–37. Teile ihrer Ausstattung wurden wie bei der *Mauretania* versteigert und fanden ihren Weg in Hotels, Restaurants und Kneipen längs der Küste. Die *Aquitania* überlebte noch das nächste Jahrzehnt und kam erst 1950 unter den

Schneidbrenner. Die drei deutschen Atlantikriesen gingen nach dem Ersten Weltkrieg sämtlich an die westlichen Alliierten. Die *Imperator* wurde der Cunard Line zugesprochen, sozusagen als Ausgleich für den Verlust der *Lusitania*, und hieß fortan *Berengaria*. Sie war sehr beliebt und lief bis zum Beginn des Zweiten Weltkrieges 1939. Die ehemalige *Vaterland* wurde 1917 bei Kriegseintritt von den USA beschlagnahmt und in *Leviathan* umgetauft. Der damals zweitgrößte Liniendampfer der Welt hatte als einziges Schiff seiner Klasse keine Fortune. Einer der Gründe war, daß es wegen der US-Prohibition keinen Alkohol an Bord gab. 1934 wurde sie aufgelegt, als unglückseliges Schiff, und schließlich nach weiteren vier Jahren in Schottland verschrottet. Die *Bismarck* schließlich ging an die White Star Line und wurde zur *Majestic*. Von 1922 bis 1935 war sie das größte Passagierschiff auf dem Atlantik. Doch auch für sie brachte die Weltwirtschaftskrise der 30er Jahre harte Zeiten. Nach ihrem finanziellen Kollaps fusionierte die White Star 1934 mit Cunard, der ehemaligen Konkurrenz. 1937 wurde die *Majestic* von den neuen Besitzern stillgelegt und zum Ausbildungsschiff für Seekadetten umfunktioniert und 1940 abgewrackt. Aber da war die Zeit der ersten Generation der schwimmenden Paläste schon längst vorbei.

Die *Imperator* erhielt von Anfang an viel Lob, aber sie hatte einen schwerwiegenden technischen Fehler: Sie war toplastig. Ihr Ruf war dadurch in Gefahr. Neben anderen Gegenmaßnahmen wurden die Schornsteine gekürzt, was auch ihrem Aussehen zugute kam.

COLUMBU
EUROPA
BREMEN
NORDDEUTSCHER
LLOYD
BREMEN

Ozeanriesen zwischen den Weltkriegen

Die *Ile de France* war das erste Schiff einer neuen Generation nach dem Ersten Weltkrieg. Ihr Stapellauf war 1926. Zwar hatte man schon in den frühen 20er Jahren Passagierschiffe gebaut, jedoch noch nach den Maßstäben der Vorkriegszeit oder von geringer Tonnage. Die *Ile*, wie sie liebevoll genannt wurde, war wirklich etwas ganz Neues. Diese neue Französin war bewußt nicht auf Rekorde irgendwelcher Art hin konzipiert, auch nicht in bezug auf Geschwindigkeit oder Größe. Ihr äußeres Erscheinungsbild lehnte sich noch an frühere Passagierdampfer an und war nicht besonders modern; es basierte auf der Formel: zwei große Masten plus drei Schornsteine. Größtes Aufsehen erregte vielmehr ihr inneres Dekor; in dieser Beziehung hatte es noch nie ein ähnliches Schiff gegeben. Die Innenarchitektur aller bisherigen Dampfer orientierte sich an Vorbildern des Festlandes: Schlössern, Villen oder zunächst Landhäusern; später gab es Ausflüge in exotische Bereiche mit arabischen, ägyptischen oder maurischen Stilelementen. All das sollte den Passagieren das Gefühl vermitteln, sie befänden sich an Land,

Nach den Schrecken und Verlusten des Ersten Weltkrieges erschienen die Deutschen Ende der zwanziger Jahre wieder auf dem Nordatlantik. Ihre neue Transatlantikflotte bestand aus zwei der fabelhaftesten Ozeanriesen aller Zeiten, *Bremen* und *Europa* sowie der etwas kleineren und langsameren *Columbus*.

selbst wenn sie sich mit einem handfesten Sturm herumschlagen mußten. Die *Ile* war Repräsentantin eines neuen Zeitalters: individuell, revolutionär, Trendsetter für ihre Zeit. Sie demonstrierte den sogenannten »Ocean Liner Style«, frühes Art déco auf hoher See. Das war keine Kopie von Vorbildern auf dem Land, sondern ein schwimmender Luxusbadeort ganz eigener Art. Schon bald gingen Architekten daran, umgekehrt die Einrichtungen solcher Schiffe an Land zu kopieren, besonders die der *Ile de France*.

Die französische Regierung, die ein neues Schaufenster zur See brauchte, unterstützte großzügig den Neubau, der auf der Penhoet Werft in St. Nazaire lag. Dort, wie auch in ganz Frankreich, herrschten Aufregung und Enthusiasmus. Man erwartete etwas Spektakuläres, Glanzvolles, Überwältigendes. Noch während der letzten Arbeiten vor der Jungfernreise nach New York, im Juni 1927, durfte eine neugierige Öffentlichkeit erstmals an Bord kommen und wurde von phantastischen Eindrücken überwältigt. Alles, was eine großzügige Vorauswerbung versprochen hatte, fand sich bestätigt.

Die Innenarchitektur der 390 1.-Klasse-Kabinen war außerordentlich abwechslungsreich, die eklektischen Aufenthaltsräume großzügig dimensioniert. Ohne Brachialgewalt begann mit der *Ile* eine neue Ära in der Innenarchitektur und Ausstattung der Linienschiffe mit sachlichen Stahlmöbeln, schwungvollen Säulen, strahlenden Decken und glänzenden Böden; mit indirekter Beleuchtung und Spezialitäten wie der längsten Bartheke an Bord eines Schiffes. Das Restaurant der 1. Klasse reichte durch drei Decks. Geschnitzte hölzerne Adler und vergoldete Engel waren verschwunden; es glich mehr einem lichten griechischen Tempel als den wilden Stilmischungen der Jahrhundertwende. Das Hauptfoyer war durch vier Decks hindurch sogar noch höher, und die gotisch gestaltete Bordkirche, wohl die bemerkenswerteste ihrer Art, stützte sich auf 14 Säulen. An alles war gedacht – sogar an ein Karussell für mitreisende Kinder. Man konnte

Die ruhmreiche *Ile de France* war Teil einer gloriosen Entwicklung, die 1912 in Frankreich mit der *France* begann. Auf die *Paris* folgten dann die *Ile*, *Lafayette*, *Champlain* und als krönender Abschluß die *Normandie*. Mit ihren riesigen Außendecks und der wunderbaren Inneneinrichtung war sie der Höhepunkt der Linienschiffahrt.

ILE-DE-FRANCE
HAVRE

Die *Ile de France* verkörperte Stil, Pracht und eine Art maritimer Zauber. Sie war eines der schönsten und beliebtesten Schiffe aller Zeiten. Noch 1958, in ihrem letzten Betriebsjahr, wurde den Passagieren der Touristenklasse Rochen in Buttersoße zum Frühstück serviert!

zwischen drei Unterbringungsarten wählen: 1. Klasse, Kabinenklasse und eine (aufgewertete) 3. Klasse. Das Zwischendeck war praktisch verschwunden, seit Anfang der 20er Jahre die neuen Einwanderungsgesetze der USA in Kraft waren. Das zwang die Reedereien, eine viel komfortablere 3. Klasse einzurichten, die mehr für Touristen mit schmalem Geldbeutel als für Auswanderer bestimmt war. In der 1. Klasse verfügte die *Ile de France* über so viele Suiten und Luxuskabinen, daß sie in dieser Hinsicht als absoluter Marktführer galt. Um 1935 hatte sie mehr 1.-Klasse-Passagiere befördert als jedes andere Schiff. Unter den unzähligen Reisenden, die Ambiente und Stil der *Ile de France* bevorzugten, galt sie als »der charmanteste Weg, über den Atlantik zu kommen«.

Die *Ile de France* war das erste Schiff einer noch größeren und aufwendiger gestalteten Gattung von Atlantiklinern. Sie galt auch als aussichtsreicher Bewerber im letzten europäischen Wettstreit auf dem Atlantik.

Wohl niemand hatte erwartet, daß Deutschland schon so bald in den Kreis der seefahrenden

Die Ausstattung der Ozeanriesen galt als extravagant, luxuriös, modern. Manchmal wurde sie an Land nachgeahmt. Salons, Restaurants und Musikzimmer wurden in allen denkbaren Stilarten eingerichtet: ägyptisch, Renaissance, arabisch, spanisch, Louisquatorze, -quinze und -seize, Empire, georgianisch, Queen Anne, Jakob I., Tudor, Jugendstil, Art déco und nicht zuletzt Bauhaus. Die Materialien waren vom feinsten: Edelhözer, handgeknüpfte Teppiche, Marmor und Mosaiken, Bronze, Bleiverglasungen und Geschirr in Sonderanfertigungen von Lalique oder Wedgwood. Gobelins und Gemälde wurden nach Auftrag hergestellt.

Konkurrenten zurückkehren würde. Und doch geschah dies in den frühen zwanziger Jahren. 1918 hatte Deutschland den »Krieg, der jeden weiteren unmöglich macht«, verloren. Alle Passagierdampfer mußten den Siegern ausgeliefert werden. Selbst so ein uralter Vier-Schornsteiner mit seinen technischen Problemen wie die *Deutschland* wurde von ihnen noch als simpler Emigrantentransporter eingesetzt. Jeder Neubau mußte bescheiden und konventionell sein. Das Flaggschiff der deutschen Handelsschiffahrt war 1924 die neue *Columbus*, ein 32 500-BRT-Schiff, hübsch und solide, aber in keiner Hinsicht auffällig. Die Deutschen waren vorsichtig, so schien es. Doch kaum hatte die *Columbus* ihren Dienst angetreten, kamen die Baupläne wieder auf die Zeichenbretter. Man hatte sich vorgenommen, zwei weitere, ähnliche Schiffe von etwa 35 000 BRT zu bauen. Noch immer brauchte man drei Dampfer für einen wöchentlichen Liniendienst nach den USA: einen für jede Richtung und einen als Reserve. Doch kaum waren die ersten Skizzen zu Papier gebracht, da wuchsen Ambitionen und Ansprüche immer weiter. Zum Schluß sollten die neuen deutschen Passagierdampfer etwa 50 000 BRT groß werden, nicht unbedingt die abso-

lut größten; aber ihre Rümpfe sollten die bis dahin mächtigsten gebauten Dampfturbinen erhalten. Sie waren als stolze Nachfolger der *Kaiser Wilhelm der Große* gedacht. Und natürlich sollten sie der britischen *Mauretania* mit Sicherheit das Blaue Band entreißen.

Mitte der zwanziger Jahre ging der Trend im Schiffbau zu breiteren Schornsteinen, um die Dampfer schlanker, stromlinienförmiger erscheinen zu lassen. Die *Bremen* und die *Europa* hatten extrem niedrige Schlote (1929/30) und erhielten viel Lob für ihr modernes Aussehen. Weil aber dadurch viel Qualm auf die hinteren Decks gedrückt wurde, mußten die Schornsteine erhöht werden.

Die besten deutschen Designer und Techniker wetteiferten um die Ehre, an der Gestaltung dieser nationalen Symbole mitzuarbeiten, die die Namen *Bremen* und *Europa* erhalten sollten. Geplant waren langgestreckte, elegante Schiffskörper mit abgerundeten Steven zur Erhöhung der Geschwindigkeit. Natürlich sollten sie den gänzlich neu entwickelten Wulstbug erhalten, der zusammen mit anderen Maßnahmen den Wasserwiderstand erheblich verringerte. Manchmal wirkten die Schiffe etwas düster, vor allem durch die beiden klobigen Schornsteine (die aber bald um einiges verlängert werden mußten, weil die Passagiere über Rauchbelästigung auf den hinteren Oberdecks klagten).

Die Werften hafteten für die Einhaltung exakter Zeitpläne (die *Bremen* wurde in Bremen gebaut, die *Europa* in Hamburg). Die Verantwortlichen des Norddeutschen Lloyd und eifrige Minister in Berlin, die Gönner des Projekts, planten eine grandiose Schau: Beide Schiffe sollten gleichzeitig die Erstreise nach New York machen und gemeinsam das Blaue Band erobern. Man war sicher, daß die ganze Welt die Leistungsfähigkeit des wiedererstarkten Deutschland beeindruckt registrieren würde.

Die beiden Dampfer liefen mit einem Tag Abstand im August 1928 vom Stapel, doch dann ging der Plan in die Brüche. Im Mai brannte die *Europa* am Ausrüstungskai fast vollständig aus; die Experten empfahlen, sie zu verschrotten. Die Dauer der Reparaturarbeiten wurde auf ein Jahr geschätzt; damit war die Idee der gemeinsamen Jungfernreise geplatzt. Im Juli ging die *Bremen* allein, aber erfolgreich auf ihre erste Fahrt und schnappte sich das Blaue Band von der *Mauretania* in vier Tagen und 17 Stunden – zwei Stunden schneller als die Konkurrentin 22 Jahre zuvor. Berlin jubilierte, und der alte Cunarder funkte ein Glückwunschtelegramm an das neue deutsche Schiff.

Wie erwartet, machte die Rekordfahrt der *Bremen* internationale Schlagzeilen und brachte

Deutschland die so dringend erhofften maritimen Ehren. Weil sie die Erstgeborene des Duos war, wurde sie viel bekannter als die *Europa*, die im März 1930 eine etwas schnellere Überfahrt machte. Später holte die *Bremen* jedoch den Rekord wieder zurück, bis im Sommer 1933 die neue italienische *Rex* Trägerin des Blauen Bandes wurde.

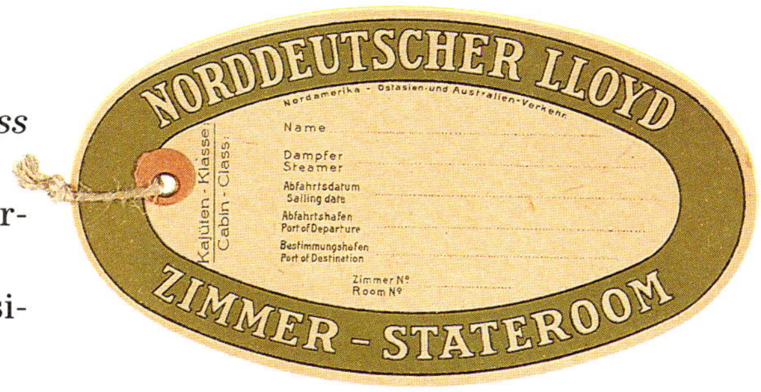

Danach waren wieder die Briten am Zug mit ihrer superluxuriösen *Empress of Britain*, und zwar im Frühjahr 1931. Sie war ein wirklich majestätisches, überwältigendes Schiff mit glanzvollem Innenleben. Zwar war sie, wie die französische *Ile*, weder das größte noch das schnellste Schiff und trotzdem ein beeindruckendes Flaggschiff ihrer Reederei, der Canadian Pacific Company, und das bei weitem größte auf der Route nach Kanada. Dafür war sie auch speziell gedacht: Lockvogel zu sein mit all ihrem Luxus für Fahrgäste aus den USA und Kanada für die Strecke durch den St. Lorenz-Strom nach Quebec. Das sollte eine Alternative sein im Transatlantikverkehr; eine gute Idee zwar, doch blieb das Ergebnis hinter den Erwartungen zurück. Die meisten Passagiere fuhren auf der gewohnten Route nach New York.

Die Innenausstattung war phantastisch. Das Restaurant der 1. Klasse, in Eiche natur, die »Salle Jacques Cartier«, galt als größter Raum auf See mit einer freitragenden Decke. Daneben

Die *Empress of Britain* der Canadian Pacific war eines der ganz großen Traumschiffe, Verkörperung eines Ozeanriesen. Gänzlich weiß gestrichen mit drei riesigen orangefarbenen Schornsteinen, wirkte sie größer, als sie wirklich war. Von innen war sie einfach umwerfend. So wurde z.B. in der Knickerbocker Bar die Entwicklung des Cocktails auf Grafiken künstlerisch dargestellt.

gab es zwei separate Speiseräume, »Salle Montcalm« und »Salle Wolfe«. Die fast 50 Meter lange Mall (Allee) verband verschiedene Salons und war mit Sofas, Sesseln und dicken Teppichen ausgestattet. In der Knickerbocker Bar wurde in witziger Weise die Entwicklung des Cocktails grafisch dargestellt. Das Schwimmbad im Unterdeck, von blauen Säulen getragen, hatte eine Glasdecke mit künstlicher Beleuchtung. Aus großen Schildkröten sprudelte an beiden Enden des Beckens vorgewärmtes Seewasser.

Die *Empress* war als eines der ersten Riesenschiffe für zwei Verwendungszwecke bestimmt: Sie konnte sowohl im Liniendienst wie als Kreuzfahrer eingesetzt werden. Wenn im Winter der Atlantik grau und ungemütlich war, wodurch die Zahl der Reisenden erheblich abnahm, schickte die Reederei ihr 42 300-BRT-Flaggschiff auf Erholungsreise rund um die Welt. Nach Weihnachten ging es los in New York; 125 Tage später, wenn es Frühling war, kam es zurück. Die Fahrtroute war ziemlich traditionell: durchs Mittelmeer über Nordafrika zum Heiligen Land; dann durch den Suez und das Rote Meer nach Indien und Ceylon (heute Sri Lanka); weiter nach Indonesien, Hongkong, China und Japan; schließlich durch den Stillen Ozean über Hawaii nach Kalifornien und durch den Panamakanal wieder nach New York. Die billigste Passage kostete 2 000 Dollar; für die schönste Oberdecksuite zahlte man das Achtfache. Manche Leute brachten ihr Personal mit und entrichteten dafür zusätzlich tausend Dollar pro Person.

Die *Empress of Britain* hatte keinerlei staatliche Unterstützung, sondern war auf eigene Rentabilität angewiesen. Leider gehörte sie nicht zu den gewinnbringenden Ozeanriesen ihrer Zeit. Wegen der schleppenden Konjunktur kam sie sogar mit ihren winterlichen Kreuzfahrten in die roten Zahlen. Natürlich blieb sie für alle Zeiten auf der Kanadaroute das prächtigste und

Wenn während der 20er und 30er Jahre berühmte Persönlichkeiten an Bord waren, machte das Schlagzeilen. Der Prinz von Wales, später König Edward VIII. und dann Herzog von Windsor, fuhr auf der Berengaria *1924 inkognito als »Lord Renfrew«. Die Tarnung war jedoch praktisch schon bei der Abfahrt gelüftet. Andere Berühmtheiten waren Will Rogers, Mary Pickford, Douglas Fairbanks, Rudolph Valentino, Gloria Swanson, Henry Ford, J. P. Morgan, Albert Einstein oder die Königin von Rumänien. Commodore Vanderbilt reiste regelmäßig über den Atlantik, und als eines Tages seine gewohnte Suite auf dem von ihm bevorzugten Schiff belegt war, mietete er sie gleich für die nächsten zehn Jahre.*

angesehenste Schiff und durfte sogar 1939 das englische Königspaar über den Atlantik bringen. Es gab viele Gerüchte, wonach ein Schwesterschiff geplant war, aber die Reederei dementierte rasch. Ein Riese dieser Art war mehr als genug.

Finanzielle Sorgen sollten fast alle Reedereien mit Ozeanriesen in den dreißiger Jahren plagen. Einzige Ausnahme war die *Queen Mary* – sie hatte einfach zu viele liebenswerte Eigenschaften für das Publikum. Fehlende Rentabilität verdunkelte auch das sonst so glanzvolle Bild der beiden italienischen Renner auf dem Atlantik. Mussolini höchstpersönlich hatte veranlaßt, daß 1932 zwei Ozeanriesen in Dienst gestellt wurden. Auf beiden Seiten des Atlantik herrschte Arbeitslosigkeit, und der Verkehr über den Ozean war auf den niedrigsten Stand seit langem abgerutscht, aber die beiden sollten die Spitzenreiter sein! Tatsächlich gelang das nur der *Rex* für zwei Jahre (1933–35). Da trug sie als einziges Schiff Italiens das Blaue Band. Ansonsten fuhren sie oft nur halbvoll.

Die *Rex* und ihre Schwester *Conte di Savoia* unterschieden sich sehr voneinander. Erstere war zum Beispiel schneller und größer; die *Conte* sah besser aus und war geschmackvoller eingerichtet. Beide waren nämlich von verschiedenen Reedereien in Auftrag gegeben worden. Zu einem gemeinsamen Fahrplan kam es erst, als der Duce die Gesellschaften zusammenlegen ließ, um

Die *Conte di Savoia* war ein ausgesprochen schönes Schiff, mit zwei ziemlich großen, nach vorn gerückten Schornsteinen, heckwärts abfallenden Decks und einem langen, wohlproportionierten schwarzen Rumpf. Sie und ihr Schwesterschiff *Rex* hatten die Aufgabe, Italien zu einem Mitglied der Transatlantik-Prominenz zu machen.

schädlichen Wettbewerb und unnütze Kosten zu vermeiden. Die beiden Dampfer der »Italian Line« sollten Vorreiter einer neuen Ära der Mittelmeerroute sein, die seit langem von den Atlantikreisenden zugunsten der Nordroute vernachlässigt worden war. Die Italiener begannen eine große, farbenfrohe Werbekampagne zugunsten der ruhmvollen, sonnigen Südroute. Als Hauptanziehungspunkt wurde die Italienische Riviera mit ihren romantischen Fischerhäfen und Superstränden gewählt. Die Schiffe hatten erstmalig offene Swimmingpools; auf den Lido-Decks gab es Sandstrände zur Untermauerung der Botschaft: »Treffen Sie die Riviera an Bord von *Rex* und *Conte di Savoia*!« Wie an italienischen Stränden waren Decksstühle mit bunten Sonnenschirmen aufgereiht, und die Deckstewards trugen gestreifte Hemden. Das waren in der Tat keine schwimmenden Hotels, sondern schwimmende Kurorte.

Gerade diese mit besonderem Ehrgeiz gebauten Ozeanriesen blieben von Anfangsschwierigkeiten nicht verschont, wie die *Deutschland* mit ihren Schwingungsproblemen oder die *Imperator* mit ihrer anfänglichen Schieflage. Als sich die *Rex* während ihrer Jungfernfahrt, noch im heimatlichen Mittelmeer, Gibraltar näherte, fielen die Maschinen aus. Sie war bewegungsunfähig. Ganz Italien war entsetzt und beschämt. Die Reparatur dauerte drei Tage; viele Passagiere wurden ungeduldig. Der Bürgermeister von New York, Jimmy Walker, stieg lieber auf die zuverlässi-

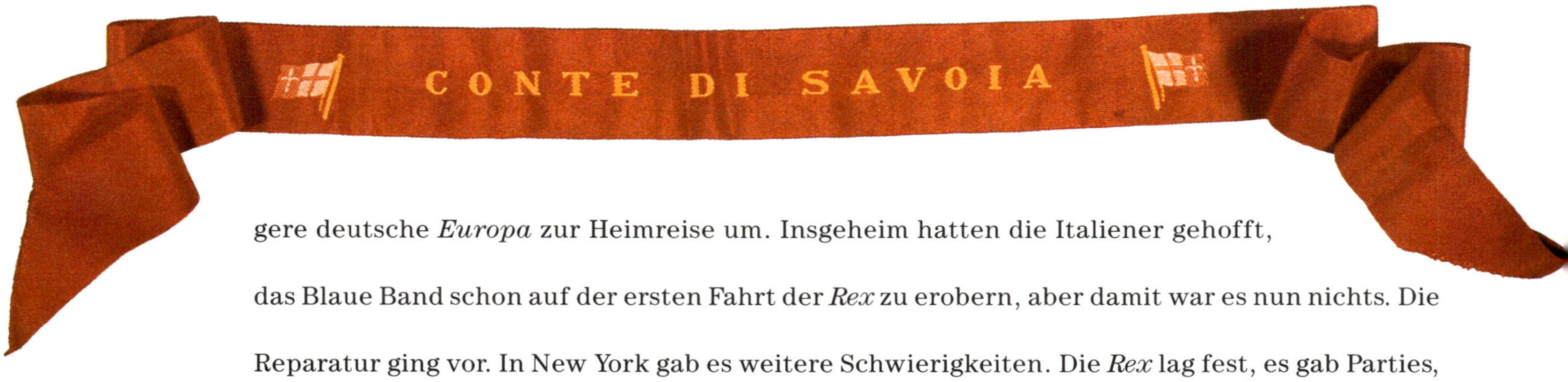

Jedes der beiden italienischen Schiffe der 30er Jahre hatte spezielle Merkmale. Die *Conte di Savoia* war besonders unempfindlich gegen hohe See. Als erster Ozeanriese hatte sie einen Kreisel-Stabilisator eingebaut. – Die *Rex* war Trägerin des Blauen Bandes als schnellstes Schiff, das je die südliche Route befuhr.

gere deutsche *Europa* zur Heimreise um. Insgeheim hatten die Italiener gehofft, das Blaue Band schon auf der ersten Fahrt der *Rex* zu erobern, aber damit war es nun nichts. Die Reparatur ging vor. In New York gab es weitere Schwierigkeiten. Die *Rex* lag fest, es gab Parties, Empfänge und Besichtigungen, während sie aufgetankt wurde. Unterdessen beeilten sich andere italienische Schiffe, von der Genueser Werft Ersatzteile herbeizuschaffen.

Ein Jahr mußte vergehen, bis die *Rex* endlich im August 1933 das Blaue Band von der *Bremen* übernehmen konnte. Sie legte die festgelegte Strecke in vier Tagen und 13 Stunden zurück, das sind durchschnittlich 28,92 Knoten.

Die 48 500-BRT-*Conte di Savoia* ging zwei Monate nach der *Rex* im November 1932 auf ihre erste Reise. Alles schien gutzugehen, bis 900 Meilen vor der amerikanischen Küste ein Auslaßventil unter der Wasserlinie versagte und ein besorgniserregendes Loch im Schiffsrumpf entstand. In Minutenschnelle begann Wasser in den Dynamoraum zu strömen. Um Unruhe unter den Fahrgästen zu verhindern, wurde entschieden, den Unfall geheimzuhalten. Die Lage war jedoch äußerst ernst: Nach den ersten Untersuchungen konnte das 244 Meter lange Schiff in kaum mehr als fünf Stunden sinken! Die Mannschaft war aber zu Improvisationen fähig: Einem besonders mutigem Mitglied gelang es, das Loch mit Zement zu verschließen. Das Schiff war gerettet und konnte seine Reise nach New York fortsetzen. Später wurden die Passagiere von der Heldentat des Mannes unterrichtet, und sie sammelten für ihn spontan eine ganz erhebliche Summe.

Eine Atlantikpassage kann zu den unangenehmsten Seereisen überhaupt gehören. Die Folgen hochgehender See waren schon immer gefürchtet: ein stampfendes Schiff, zerbrochenes Geschirr und, vor allem anderen, die unverwechselbaren, scheußlichen Symptome der Seekrankheit. Schiffseigner und Ingenieure gaben sich viel Mühe, etwas gegen diese Angst zu tun und die

Schiffe stabiler zu machen und letzten Endes den Passagieren das Gefühl größerer Sicherheit zu vermitteln. Die *Conte di Savoia* stand im Schatten der etwas älteren *Rex* und brauchte deshalb eine eigene Identität. So wurde sie zum »roll-less ship« gemacht; eine Wiederholung der Geschichte von *Olympic* und *Titanic*, als letztere zum »unsinkbaren Schiff« erklärt wurde. Die *Conte* hatte als erstes großes Fahrgastschiff einen Kreiselstabilisator erhalten, ein Vorläufer der Stabilisierungssysteme, die später in den 50er Jahren verwendet werden sollten. Es ging das Wort um von der »ruhigsten Reise über den Atlantik«, aber das System war nur bedingt einsatzfähig. So konnte es z. B. bei Fahrten in westlicher Richtung bei starkem Gegenwind nicht benutzt werden. Natürlich waren die Reisenden sehr enttäuscht, wenn dann das Schiff stampfte und rollte wie alle anderen auch.

Drei Jahre nach dem Debüt der beiden Italiener kamen die Franzosen mit einem Dampfer heraus, mit dem alle Register gezogen, alle Rekorde gebrochen werden sollten. Die *Normandie*, die alle Superschiffe in den 30er Jahren übertraf, wurde im Frühjahr 1935 fertiggestellt. Die Konstrukteure hatten sich drei Ziele gesetzt: ein Schiff zu bauen, das als erstes länger als 300 Meter war und mehr als 60 000 BRT hatte, das schneller als alle anderen war und einen überzeugenden, schwimmenden Beweis für französische Leistungsfähigkeit in Technik, Design und Ausstattung darstellte. All das wurde von der *Normandie* brillant erreicht.

Die beiden Italiener hatten im übrigen ein trauriges Schicksal. Sie wurden nie so beliebt und damit so gewinnbringend, wie die Eigner das erwartet hatten. Bedingt durch den Zweiten Weltkrieg war ihre Lebensdauer nur kurz. Weniger als acht Jahre standen sie in dem ihnen zugedachten Einsatz.

Die sagenhafte *Normandie* der French Line war ein schwimmender Repräsentant französischer Gestaltungskunst. Die Deckspläne (rechts) geben einen detaillierten Eindruck ihrer großzügigen Ausmaße. Die Bronzestatue »La Normandie« wurde von Beaudry speziell für den Dampfer geschaffen; sie stand im Treppenaufgang zum Rauchsalon.

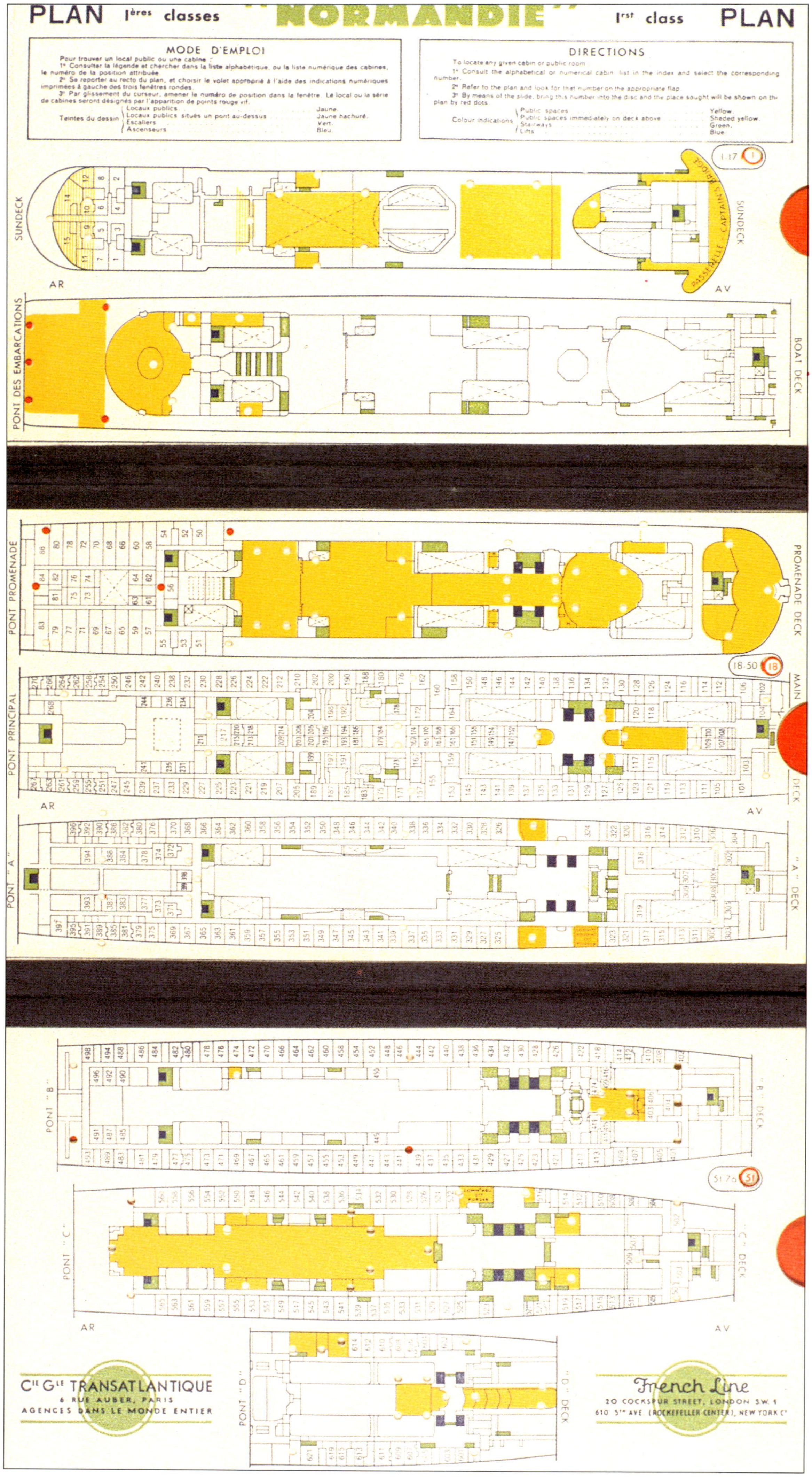

Im Januar 1931 erfolgte in St. Nazaire die Kiellegung; die Weltwirtschaftskrise verzögerte den Bau. In mancherlei Hinsicht war die *Normandie* ein Hoffnungssymbol während dieser schweren Zeit, aber sie wurde auch angegriffen als »teure Extravaganz, unentschuldbare Narretei«. Es hieß, sie solle *Jeanne d'Arc* heißen, *La Belle France* oder gar *Maurice Chevalier*! Beim Stapellauf wurde sie jedoch *Normandie* getauft. Sie war ein Schiff, das mit einem 313,5 Meter langen Rumpf beim Stapellauf eine gewaltige Schwallwelle erzeugte, die hundert Arbeiter in die Loire spülte. Und schon war das Schiff in aller Munde.

Nach der Fertigstellung stellte sich heraus, daß die *Normandie* mit ihrem ungewöhnlichen Profil und drei riesigen schwarz-roten Schornsteinen die angestrebte Tonnage bei weitem überschritt. Schließlich wurde sie mit 79 280 BRT vermessen. Damit war sie, wie geplant, das größte Schiff der Welt. Doch das war nur ein kurzlebiger Triumph. Über den Kanal hörte man, diese verfluchten schottischen Schiffemacher am Clyde wollten ein Rekordschiff für die Cunard Line von 80 000 BRT bauen, als erstes einer ganzen Gruppe! Die *Normandie* würde auf Platz zwei rutschen! Infolgedessen verpaßte man ihr während der ersten Liegezeit im Winter 1935/36 einen großen, wenn auch unnützen Aufbau auf dem Achterdeck. Nun hatte sie 82 799 BRT. Der neue Cunarder namens *Queen Mary* sollte 80 700 BRT haben. Die Franzosen hatten gewonnen – aber nur für kurze Zeit. Der zweite Cunarder, *Queen Elizabeth*, wurde mit 83 600 BRT noch größer und hielt damit für alle Zeiten den Rekord unter den Fahrgastschiffen.

Die *Normandie* kam noch schneller über den Atlantik als die italienische *Rex*. Nun hatte Frankreich also, wie geplant, auch das Blaue Band. Aber kaum ein Jahr später lief die brandneue *Queen Mary* 30,14 Knoten und holte sich den Wimpel. Im Frühjahr 1937 war wieder die *Normandie* an der Reihe und schaffte 30,9 Knoten, im folgenden Sommer sogar 31,2. Es schien, als sollte die Trophäe nun in Frankreich bleiben, aber die heißgeliebte *Queen Mary* erwies sich im August 1938 mit 31,6 Knoten als noch schneller und hatte damit die Franzosen endgültig geschlagen.

Die *Normandie* sah ganz anders aus als alle vergleichbaren Liner und wurde bald wegen des sicheren modernen Stilempfindens gerühmt. Ihre klare Linienführung, schlank und ausgewogen, bewies den Einfluß der Formgebung auf Geschwindigkeit und Leistung. Aber natürlich war es die Innenausstattung, die mit dem höchsten Lob bedacht wurde, mit den Ahs und Ohs – und Passa-

giere anzog. So etwas wie den Hauptspeisesaal, zum Beispiel, hatte man noch auf keinem Schiff gesehen – eine Kreation aus Bronze und Glas mit Inventar aus der Werkstatt Laliques. Er war drei Decks hoch, bot tausend Gästen Platz, und die Speisekarte übertraf alles bisher Dagewesene. Der immergrüne Wintergarten bot tropische Gewächse, Volieren und Springbrunnen. Der Hauptsalon hatte eine Decke aus Glas von Dupas, und die Sitzgelegenheiten waren mit speziell angefertigten Stoffen von Aubusson überzogen. Wie auf ihrer älteren Landsmännin, der meisterhaft ausgerüsteten *Ile de France*, waren alle 400 Kabinen der 1. Klasse individuell eingerichtet. Auch gab es mehrere Luxuskabinen und Suiten, darunter zwei Appartements auf dem Sonnendeck. Diese bestanden jeweils aus vier Schlafräumen, einem Wohnsalon, einem privaten Speisesaal, mehreren Zimmern für das Personal und sogar einer Privatterrasse. Auch die Schwimmhalle war sehenswert: Das 24 Meter lange Becken mit unterschiedlichen Wassertiefen war mit Mosaikfliesen ausgelegt. Und somit erfüllte die *Normandie* auch die dritte Erwartung ihrer Initiatoren: Sie war »das aufwendigste Schiff der Welt«.

Leider aber fuhren die *Normandie*, wie auch die *Empress of Britain* oder die beiden italieni-

schen Atlantikliner, meist in den roten Zahlen. Oft war sie nur halb oder zu zwei Dritteln belegt. In der Rückschau läßt sich sagen, daß sie wohl so luxuriös, geradezu protzig war, daß dieses Image viele Passagiere abschreckte, mit ihr zu reisen. Aber wie die *Bremen* und die *Rex* war die *Normandie* ein Vorzeigeobjekt ihres Landes und wurde daher kräftig von der Regierung in Paris subventioniert. Vielleicht hatte man auch gar nicht an hohe Gewinne gedacht; ihr Erfolg lag vielmehr darin, daß sie einen Eindruck von schwimmender Großartigkeit vermittelte.

Die gute alte Cunard Line war immer noch die solide, eher auf Bequemlichkeit bedachte Reederei wie zur Zeit der kleinen Raddampfer, als die *Britannia* neuneinhalb Tage für ihre Überfahrten im Jahre 1840 benötigte. Ihre Direktoren glaubten immer noch an die optimale Kundenwerbung durch bestmöglichen Kundenservice und nicht an Rekorde um der Rekorde willen. Sie behaupteten, Wettrennen und das Blaue Band seien dem Wohlbefinden der Passagiere abträglich. Doch zu Beginn der 30er Jahre entstanden in den Köpfen ihrer Planer Visionen von einem nie dagewesenen Gespann im Nordatlantik: Nur zwei Schiffe sollten während des größten Teils des Jahres ausreichen, um einen wöchentlichen Liniendienst abzuwickeln – das hatte es noch nie gegeben. Natürlich mußten diese Schiffe sehr stark und riesig sein.

Die Innenarchitektur der *Normandie* war die hervorragendste ihrer Zeit. Das Hauptrestaurant war stilistisch besonders gelungen: Bronze und Glas, Ausstattung von Lalique, Platz für tausend Gäste. Und alle Weine waren inklusive! (Seite 58). – Die Schiffskirche bot 100 Gläubigen Platz, und zwei Luxusappartements verfügten über private Sonnendecks.

Ende 1930 wurde mit dem Bau des ersten Dampfers begonnen. Die Reederei dachte an ein solides, vernünftiges, dabei stattliches Schiff auf der Basis der 1914 gebauten und höchst erfolgreichen *Aquitania*. Der neue Dampfer, er sollte nur drei statt vier Schornsteine erhalten, mußte insgesamt von majestätischer Erscheinung sein, jedoch nicht so klotzig und hypermodern wie die *Normandie*, die zur gleichen Zeit gebaut wurde.

Mitternächtliche Abfahrten von New York waren üblich zwischen den Weltkriegen. Stunden vorher kamen Besucher an Bord; manche, um Abschied zu nehmen, andere einfach nur, um im Ballsaal einen Abend lang zu tanzen.

Genau wie beim Bau der *Normandie* wirkte sich jedoch die Weltwirtschaftskrise auch auf das Cunard-Schiff aus. Das Projekt wurde Ende 1931 zunächst gestoppt und dann annulliert. Der riesige Rumpf lag einsam auf der Helling, ein Nistplatz für Vögel. Nur ein paar Nachtwächter sah man gelegentlich. In der Tat waren die Zeiten schlecht: Der Atlantikverkehr war rapide zurückgegangen, die Zukunft sah nicht eben rosig aus, und die Konten selbst so reicher Firmen wie der Cunard waren wie leergefegt.

Im April 1934, also gut zwei Jahre später, entschloß sich die britische Regierung zu einer kräftigen Finanzhilfe für die Cunard, um den Bau des Schiffes, das nun *Victoria* heißen sollte, zu ermöglichen. Zwar hielt die Depression an, und die Aussichten auf höhere Passagierzahlen waren gering, aber die Rivalität mit Frankreich und seiner *Normandie* führten den Startschuß herbei; England wollte nicht ohne weiteres seine Spitzenposition auf dem Atlantik preisgeben.

Die Einflüsse der *Normandie* waren weitreichend: Sie betrafen Mode, Innenarchitektur, Hollywood und Spielzeug (Bild oben). Ein ganzes Hotel auf Puerto Rico wurde nach ihr gestaltet und benannt. Noch heute zieren fünf Medaillons mit Darstellungen von Städten der Normandie die Eingangstür einer kleinen Kirche in Brooklyn Heights, New York.

Der Stapellauf war für September 1934 geplant. Der Prozeß der Namensgebung verlief streng vertraulich. Das ergab eine interessante Geschichte: Cunard schien *Victoria* zu bevorzugen, nicht, wie üblich, der Name einer römischen Provinz, sondern der einer Königin – und er endete wie gewöhnlich mit »-ia«. Es heißt, der Cunard-Chef habe König Georg V., den Enkel der Königin Victoria, ersucht, »Englands schönstes Schiff nach seiner berühmtesten Königin« benennen zu dürfen. Es heißt ferner, seine Majestät habe das in schmunzelnder Begeisterung mißverstanden und nicht an seine Großmutter gedacht, sondern mitgeteilt, seine Frau fühle sich dadurch sehr geehrt. Seine Gemahlin war Königin Mary. Und so kam es, daß *ihr* Name offiziell gewählt wurde.

Plakate mit Ozeanriesen erreichten ihren künstlerischen Höhepunkt in den 30er Jahren. Bedeutende Künstler wie Cassandre in Frankreich oder Shoesmith in England leisteten qualitätvolle Arbeit für die Reedereien.

Die *Normandie* war Gegenstand einiger der besten Poster.

Die Königin selbst nahm in Gegenwart des Königs die Schiffstaufe vor und ließ eine Flasche australischen Weines am Bug des Dampfers zersplittern, bevor er in sein Element entlassen wurde. Das wirtschaftlich geschüttelte England, seufzend unter Arbeitslosigkeit und Schlangen vor den Lebensmittelläden, fest im Griff der Hoffnungslosigkeit, nahm das neue Superschiff als Zeichen für Besserung und Nationalstolz. Es sollte die Herrschaft über den Atlantik für England zurückgewinnen und zudem eines der größten Schiffe auf den Weltmeeren sein. Zehn Millionen Nieten waren in seinen 310 Meter langen Rumpf eingeschlagen, der zweitausend Bullaugen mit 225 Quadratmeter Glas aufwies. Es konnte mit 600 Telefonen und 700 Uhren prunken, und in seinem Inneren waren nicht weniger als 56 verschiedene Holzarten verarbeitet. Einige Bereiche lehnten sich stilistisch an Art déco an mit Chrom, trichterförmigen Leuchten und glänzenden Linoleumböden, aber im großen und ganzen war es ein gemütliches Schiff. Ganz ohne Zweifel britisch – mit riesigen Sesseln vor flackernden Kaminen, Mengen an Blumen und unvermeidlichem »Five o'clock tea«. Leider hatte es jedoch einen Fehler: Schon bald galt es als schlimmes Schlingerschiff. Die transatlantischen Klatschmäuler meinten, »es könne einem die Milch aus dem Tee schlingern«. Die *Queen Mary* dampfte im Mai 1936 in den Hafen von New York und wurde von Wasserfontänen begrüßt; das war ein Jahr, nachdem die *Normandie* ihre Jungfernreise beendet hatte. Das neue Schiff überzeugte und gewann das Blaue Band im gleichen Sommer, aber der weiter vorn beschriebene Kampf zwischen den beiden Neuen aus England und Frankreich ließ den Rekord ein paar Mal über den Kanal wandern, bis im August 1938 der Cunarder endgültig für 15 Jahre die Trophäe errang. Erst 1952 wurde sie ihm entrissen, durch die brillante *United States*, das vorerst letzte Rekordschiff auf dem Ozean.

Im Frühjahr 1940 wollte Cunard den Pendelverkehr mit zwei Dampfern über den Atlantik beginnen, aber Hitler stoppte das alles. Das zweite Superschiff von unterschiedlichem Aussehen (z. B. zwei statt drei Schornsteine) lief im Herbst 1938 vom Stapel, als die Weltlage schon angespannt war. Es gab den Besuch Chamberlains bei Hitler, Aufrüstung und die Annektion der Tschechoslowakei; die Kriegsangst wuchs. Ursprünglich sollte der neue, etwas größere Dampfer

Die stattliche *Queen Mary* war sicher nicht so blendend schön wie die *Normandie*, aber sie hatte mehr Erfolg mit ihrem gemütlichen Charme, der sie zum Liebling bei Legionen von Reisenden werden ließ (Foto oben). – Dosen mit Süßigkeiten, Gebäck oder Tabak galten als beliebte Erinnerungsstücke an eine Seereise. Die Sammlung der Seite rechts zeigt: die beiden Cunard-*Queens*, die deutschen Schwestern *Bremen* und *Europa*, die *United States*, die *Mauretania* und die 1939 in Dienst gestellte »Königin der Südatlantikroute«, die britische *Andes*.

S.S. UNITED STATES
THE "QUEEN MARY"
EUROPA
20 ZIGARREN
CUNARD LINE
R.M.S. QUEEN ELIZABETH
"ANDES"
FLAGSHIP OF
ROYAL MAIL LINES

Während des Krieges setzte Adolf Hitler das Eiserne Kreuz und 250 000 Dollar für denjenigen U-Boot-Kommandanten aus, dem es gelänge, die Queen Mary oder die Queen Elizabeth zu versenken. Der deutsche Rundfunk verbreitete mehrfach die falsche Nachricht, eines der Schiffe sei vernichtet worden.

King George V. heißen, aber nach reiflicher Überlegung nannte man ihn nach der damaligen Königin *Queen Elizabeth*, die auch die Taufe vornahm. Auch ihre Tochter, Prinzessin Elizabeth, war zugegen, und ungefähr dreißig Jahre später, nun selbst Königin, sollte sie Cunards nächstem Superschiff, der *Queen Elizabeth 2*, ihren Namen leihen.

Die neue *Elizabeth* konnte nicht planmäßig im April 1940 in Betrieb gehen. Mit Kriegsbeginn, als schlagartig die Rüstungsproduktion Vorrang vor allem erhielt, wurde ihre Fertigstellung gestoppt. Es gab sogar Vorschläge, sie nach Amerika zu verkaufen. Am Clyde wurden jetzt Kriegsschiffe gebaut. Im ersten Kriegswinter blieb sie in ihrem Dock unter ständig wachsender Gefahr. Der Geheimdienst hatte bedrohliche Informationen, die Deutschen wollten das Schiff bombardieren oder sabotieren; ihre Agenten sollten sich bereits in der Nähe von Glasgow aufhalten. Winston Churchill, damals Erster Lord der Admiralität, ordnete daraufhin an, die *Elizabeth* solle aus den britischen Gewässern verschwinden.

Es wurde ein Gerücht in die Welt gesetzt, das Schiff solle nach Southampton ins Trockendock gehen. Dazu hätte es den Ärmelkanal passieren müssen. Daraufhin wurden die deutschen Flugzeuge in Alarmbereitschaft gesetzt. Indessen änderte die *Elizabeth* – noch nicht ganz fertiggestellt und mit einigen nichtsahnenden Werftarbeitern an Bord – nach Verlassen der Clyde-Mündung plötzlich ihren Kurs und lief mit voller Kraft nördlich von Irland in den Ostatlantik. Die Nazis waren hereingelegt worden und hatten nun keine Chance mehr, das Schiff zu zerstören. Westwärts ging die Fahrt, verdunkelt, unter höchster Geheimhaltung. Nicht einmal die Schiffs-

Ozeanriesen im Krieg! Vorbei war es mit Eleganz, Luxus und Gemütlichkeit an Bord. Die *Queen Elizabeth* kam auf ihrer Jungfernreise in New York mit Kriegsbemalung an (März 1940). Zu ihrem Empfang fand nicht einmal die übliche Löschbootparade statt. In einer gewagten Nacht-und-Nebel-Aktion war sie der deutschen Luftwaffe entkommen, die ihre Geburtsstätte in Schottland bedrohte.

führung kannte das Ziel. Viele meinten nach Halifax, aber die *Queen* lief direkt nach New York zur Cunard Pier an der 50sten Straße. Hier traf sie die aufgelegten *Queen Mary* und *Normandie*. Für vierzehn Tage lagen die drei größten jemals gebauten Fahrgastschiffe nebeneinander! Der Neuankömmling hatte eine einzigartige Jungfernreise hinter sich. Er kam in Kriegsbemalung, über und über in Grau. Im Vergleich zu den sonst üblichen Ritualen bei Ankunft eines neuen Schiffes mit dem für New York charakteristischen Aufwand wahrlich eine traurige Angelegenheit!

Während des Krieges leisteten die Fahrgastdampfer wichtige Dienste. Viele wurden zu Truppentransportern umgebaut, andere als Hilfskreuzer eingesetzt, als Hospitalschiffe, schwimmende Reparaturwerkstätten oder, als Gefangenentransporter.

Schon bald wurden die beiden *Queens* zu Truppentransportern hergerichtet, die größten aller Zeiten. Sie nahmen mehr als das Achtfache der üblichen Personenzahl an Bord (die *Mary* hielt den Rekord, als sie 1943 einmal 16 883 Soldaten transportierte). Ihre Reisen waren von kriegsentscheidender Bedeutung. Sie fuhren grau gestrichen, völlig verdunkelt und oft ohne Funkkontakte – und sie waren enorm erfolgreich. Die beiden großen Cunarders erhielten nach dem Krieg höchstes Lob: »Zusammen halfen sie, den Krieg in Europa um ein Jahr zu verkürzen!« Natürlich waren die Kriegsjahre außerordentlich verlustreich.

Die *Bremen* wurde, als sie im März 1941 in Bremerhaven an der Pier lag, durch Unvorsichtigkeit eines Besatzungsmitgliedes in Brand gesetzt. Einst ein beeindruckendes

Schiff und Deutschlands letzte Trägerin des Blauen Bandes, wurden ihre ausgeglühten Reste in den Hochöfen der Kriegsindustrie verwertet. Die *Europa* überlebte, halb vergessen, in heimischen Gewässern. Nach der Invasion der Alliierten im Frühjahr 1945 wurde sie an die Amerikaner ausgeliefert, die sie später an Frankreich weitergaben. Dort feierte sie 1950 Wiederauferstehung als *Liberté*. Die *Empress of Britain* sank nach Bomben- und Torpedotreffern im Herbst 1940 im Ostatlantik. Sie war das größte Handelsschiff, das die Alliierten während des Zweiten Weltkrieges verloren. Die beiden großen Italiener erwischte es am Ende auch noch. Die *Rex* wurde im September 1944 vor Triest bombardiert, und die *Conte di Savoia* endete im folgenden Jahr nicht weit von Venedig auf dem Meeresgrund. Ein unerwartetes Ende fand auch die *Normandie*: In den engen Hafenbecken New Yorks, an ihrer Heimatpier der French Line, brannte sie im Februar 1942 aus und kenterte. Die Reste wurden 1946/47 verschrottet.

Der Krieg war vorbei, die Dampfer kamen zurück! Mit enormem Aufwand wurden sie renoviert; Einzelteile wie Türangeln mußten manchmal von Hand angefertigt werden. Aber die Passagierzahlen in den 40er und 50er Jahren explodierten – der Massentourismus begann und bedingte den sofortigen Einsatz der Vorkriegsschiffe wie auch den Bau einer ganzen neuen Flotte. – Triumphierend läuft die *Ile de France* im »New Look« 1949 zum ersten Mal nach dem Krieg in New York ein.

Die *Queens* hatten mehr Glück und überlebten beide. Unversehrt kehrten die Heldinnen zu Cunard zurück und wurden restauriert. Im Sommer 1947 konnten sie den wöchentlichen Zwei-Schiff-Pendelverkehr auf dem Nordatlantik endlich wieder aufnehmen – »mit etwas Verspätung«. Sie wurden das erfolgreichste Team, das je den Atlantik befuhr. Auch die hochgeschätzte *Ile de France* war ab 1949 wieder dabei, überholt, modernisiert und mit nur noch zwei sportlichen Schornsteinen statt der früheren drei.

Noch ein anderes Traumschiff aus der Zwischenkriegszeit verdient Beachtung: die holländische *Nieuw Amsterdam*, seit 1938 in Betrieb mit dem ehrenvollen Beinamen »Schiff des Friedens« (weil sie über keinerlei Einrichtungen zum Umbau für Kriegseinsätze verfügte). Ein weiterer Beiname war »Das Schiff von morgen«. Die Einrichtung war Art déco-inspiriert und hatte Einflüsse der Weltausstellungen von 1933 und später 1939 (New York) übernommen. Der 36 200-BRT-Liner war mit Leuchten aus Murano-Glas ausgestattet, mit Elfenbeinschnitzereien und einer Salondecke aus marokkanischem Leder. Die phantastische Einrichtung des Hauptrestaurants bestand aus elfenbeinfarbenen Wänden, die Decke war blaßgold, die Säulen mit Goldlaub bedeckt. Getönte Spiegelflächen, Möbel aus ostindischem Seidenholz und zweifarbige Teppiche ergänzten die Pracht.

Auch dieses Schiff überlebte den Krieg und kam in den späten vierziger Jahren nach Einsatz als Truppentransporter in den Atlantikdienst zurück. Sie fügte sich ein in eine mehr oder weniger neuwertige Flotte von Atlantikdampfern, ein modernes Ensemble großartiger Darsteller.

CANADIAN PACIFIC
To CANADA & U.S.A
EMPRESS OF BRITAIN
KENNETH D SHOESMITH
CANADIAN PACIFIC RAILWAY
AGENCY (BELGIUM) S. A.
25, QUAI JORDAENS
ANVERS
98, BOULEVARD ADOLPHE MAX
BRUXELLES

Götterdämmerung auf dem Atlantik

Der Atlantikverkehr nahm während des ersten Jahrzehnts nach dem Zweiten Weltkrieg einen ungeheuren Aufschwung. Neuer Wohlstand weckte die Reiselust, und zwangsläufig wurden mehr Schiffe gebraucht. Trotzdem: Die Ära der Rekordfahrten von Rekordschiffen, diese maritimen Wettrennen zwischen den europäischen Nationen, war vorüber. Die Bemühungen um das Blaue Band und der engagierte Kampf um Titel wie »das längste« oder »das größte Schiff der Welt« wurden gemäßigter, vielleicht weniger enthusiastisch, auf jeden Fall stark zurückgenommen. Die *Queen Mary* war noch immer das »schnellste« Schiff, und der andere gewaltige Cunarder, die *Queen Elizabeth*, durfte sich »das größte« nennen.

Deutsche wie Italiener nahmen an diesem Wettbewerb nicht mehr teil; sie waren die Verlierer des Krieges. Deutschland war überhaupt erst Mitte der fünfziger Jahre wieder in der Lage, Passagierschiffahrt zu betreiben, und auch das nur mit einem mittelgroßen, gebraucht gekauften Dampfer. Italien entschied sich für eine Wiederkehr mit herkömmlichen Schiffen mittlerer Tonnage (etwa 30 000 BRT). Selbst in Frankreich war man zurückhaltend. Die einzige Überlebende aus der Vorkriegszeit, die *Ile de France*, erhielt Gesellschaft durch ein ehemals deutsches Schiff, die *Europa*, früher Trägerin des Blauen Bandes; man baute sie zur *Liberté* um. Die Canadian Pacific sah keinen Anlaß, eine neue *Empress* für die St. Lawrence-

Die prächtige *Empress of Britain* war das letzte große Schiff der Canadian Pacific Gesellschaft. Leider wurde sie im Zweiten Weltkrieg versenkt.

Route zu bauen, und die Holländer dachten ein Jahrzehnt lang über ein passendes Schwesterschiff zu ihrer Vorkriegs-*Nieuw Amsterdam* nach.

Die Amerikaner hatten bisher dem Wettrennen auf dem Atlantik nur zugeschaut, und nun waren ausgerechnet sie es, die den bedeutendsten Super-Liner der Nachkriegszeit schufen, die glänzende *United States*. Bis dahin war die United States Line mit mittelgroßen Schiffen ausgekommen, außer der gigantischen *Leviathan* der 20er und 30er Jahre – aber die war ein ehemals deutsches Beuteschiff aus dem Ersten Weltkrieg. Zwei Gründe führten zu der Entscheidung, daß die Yankees erstmals selbst ein Superschiff bauen wollten: zum einen die guten Gewinnaussich-

ten aufgrund des wachsenden Atlantikverkehrs, und, wohl noch wichtiger, der dringende Bedarf an einem leistungsfähigen Truppentransporter. (Später wurde wegen der ziemlich dunklen, eher spartanisch eingerichteten und jeglichen Luxus entbehrenden Kabinen oft behauptet, die *United States* sei ein als Passagierschiff getarnter Truppentransporter.) Das militärische Interesse an dem Neubau war Folge der Erkenntnisse mit den beiden *Queens* im Zweiten Weltkrieg. Mit starker Unterstützung der Amerikaner konnte jedes dieser britischen Schiffe über 15 000 Soldaten mit erstaunlicher Geschwindigkeit und Sicherheit transportieren. Das Pentagon legte nun Wert auf ein eigenes vergleichbares Schiff. Es unterstützte daher in enger Zusammenarbeit mit der Reederei ein Projekt, das der technisch modernste Ozeanriese jener Zeit werden sollte; von den außergewöhnlich hohen Baukosten (78 Millionen Dollar) übernahm die Regierung etwa 70 Prozent.

In den 50er Jahren wurden ständig neue Schiffe gebaut. Aus den USA kam die technisch modernste *United States*, bis 1991 Besitzerin des Blauen Bandes. Ihr folgte ein neues schwedisches Flaggschiff, das nur über Außenkabinen verfügte, dann ein holländisches (erstmalig ohne die gewohnten Schornsteine) und dann ein Italiener, auf Atomantrieb umrüstbar.

Die Militärs hatten drei Forderungen an das neue Schiff: höchstmögliche Sicherheit, Spitzengeschwindigkeit und natürlich alle Vorrichtungen zum einfachen und schnellen Umbau vom Fahrgastschiff zum Transporter. Aus Sicherheitsgründen entsprachen die »passiven« Verteidigungseinrichtungen denen eines großen Kriegsschiffes. So waren z. B. die Treibstofftanks außerge-

wöhnlich groß. Zusätzliche Schotten schützten gegen Wassereinbruch. Zwei komplette Maschinenanlagen sorgten dafür, daß auch bei Ausfall der einen das Schiff mit voller Leistung und Geschwindigkeit weiterfahren konnte. Kein anderes Schiff hatte vergleichbare Feuerschutzanlagen. Noch nie war so viel Aluminium verarbeitet worden. Selbst Vorhänge und Wandschmuck bestanden aus schwer entflammbaren Materialien. Bilderrahmen durften, auch in den Mannschaftsräumen, nicht aus Holz sein – nur Aluminium war erlaubt. Allgemein hieß es, daß an Bord der *United States* nur der Hauklotz des Metzgers und das Klavier aus Holz seien. William Francis Gibbs, der geniale Gestalter des Schiffes, hat angeblich mit der Firma Steinway ernsthaft über den Bau eines Flügels aus Aluminim diskutiert, aber Steinway weigerte sich ganz entschieden. Die *United States* war bis 1991 Trägerin des Blauen Bandes. Ihre absolute Höchstgeschwindigkeit wurde, wie viele ihrer speziellen Eigenheiten, auf Jahre hinaus geheimgehalten.

Die *United States* war ein außerordentlich populäres und erfolgreiches Schiff. Nicht nur ihre Größe beeindruckte; auch der Service war hervorragend, ebenso ihre Pünktlichkeit – und sie trug das Blaue Band! Für viele Reisende bedeutete es schon eine besondere Attraktion, an Bord des »schnellsten Schiffes der Welt« zu sein. Notwendigerweise gab es viele Gerüchte um sie, wie etwa, daß sie den Atlantik in eineinhalb Tagen überqueren könne. Das war natürlich Unfug. Ihre kürzeste Reise dauerte drei Tage und zehn Stunden.

Schließlich wurde ermittelt, daß während der Erprobungsfahrten im Juni 1952 kurzzeitig die phantastische Geschwindigkeit von 38,25 Knoten erreicht wurde. Ihr schlanker, 301 Meter langer Rumpf, der mit nur 53 000 BRT vermessen war, der rasiermesserscharfe Bug und die flache Aufbaulinie, auf der zwei große geneigte Schornsteine thronten, bewies, welchen Einfluß das Design auf die Leistung eines Schiffes hat. Im Juli 1952 entriß sie locker der *Queen Mary* das Blaue Band. Ihre Höchstgeschwindigkeit wurde mit gut 38 Knoten gemessen, fast sieben mehr, als der Cunarder gebracht hatte. Und so ging die Trophäe zum ersten Mal in ihrer hundertjährigen Geschichte an ein Schiff, das unter dem Sternenbanner fuhr – seit jenen Schiffen der Collins Line, die in Kapitel eins beschrieben worden sind. 1991 mußte der Wimpel an einen britischen Katamaran übergeben werden, der den Atlantik ohne Passagiere mit noch höherer Geschwindigkeit überquert hatte.

Die *France* wurde von vielen Feinschmeckern als bestes französisches Restaurant der Welt bezeichnet. Champagner und Kaviar gab es reichlich, und in der Touristenklasse konnte man noch immer zum Frühstück Rochen in Buttersoße bekommen.

Im Oktober 1958, gerade sechs Jahre nach Indienststellung der *United States*, flog zum ersten Mal eine Düsen-Passagiermaschine über den Nordatlantik. Schlagartig ging die Reisezeit von sechs Tagen auf sechs Stunden zurück. Selbst eingefleischte Liebhaber von Seereisen konnten dem nicht widerstehen. Nach einem halben Jahr reisten zwei Drittel aller Passagiere per Flugzeug über den Atlantik. Und nach einem Jahrzehnt waren es 95 Prozent. So waren es vor allem die 60er Jahre, die die Schiffahrtslinien an den Rand des Ruins brachten. Im Winter gab es fast gar keine Passagiere mehr, die Zahl der Schiffe ging zurück, die Mannschaften wurden reduziert, und am Ende der letzten Sommerfahrpläne waren die riesigen Säle, die prächtigen Salons und wohlgeordneten Promenadendecks von trostlos gähnender Leere. Selbst für die berühmten *Queens* kamen harte Zeiten. Während einer Überfahrt hatte die *Elizabeth* gerade 200 Gäste an Bord, um die sich eine Mannschaft von 1 200 Personen kümmerte ... Die *Mary* wurde 1967 aus dem Verkehr gezogen und bekam ihr Gnadenbrot als Museums- und Hotelschiff in Südkalifornien! Die *Elizabeth* war für ein neues Dasein als »schwimmende Universität« umgebaut worden – aber sie brannte 1972 in Hongkong aus. Immerhin, trotz der gewaltigen Einbrüche bei den Passagierzahlen durch den Luftverkehr war das Zeitalter der Ozeanriesen noch nicht ganz vorüber. In den sechziger Jahren wurden noch vier dieser großen, herrlichen und kraftvollen Schiffe gebaut.

Die *France* war das letzte ausschließlich für den Nordatlantikverkehr gebaute Superschiff. Der wachsende Trend zu Kreuzfahrten in den warmen Süden während der Nebensaison hatte bei ihrem Bau noch keine Rolle gespielt. Das neue Flaggschiff der Franzosen wurde bei seiner ersten

Ankunft in New York lärmend von Schleppern, Hubschraubern und spritzenden Feuerlöschbooten begrüßt. Das war im Winter 1962. Sie kam im Grunde schon zu spät, aber es waren ihr doch noch ein paar gute Jahre vergönnt, einem dieser Luxusliner unter der Trikolore, die höchstes Ansehen genossen, technisch keine Probleme hatten und eine unübertreffliche Küche boten. Es stimmte schon: »Die Möwen folgen am liebsten den französischen Dampfern. Die werfen die schmackhaftesten Küchenabfälle über Bord!«

Die *France* wurde auf der gleichen Werft in St. Nazaire gebaut wie ihre Vorgängerinnen, die erste *France*, die *Ile* und die *Normandie*. Die Bauzeit betrug vier Jahre, drei Monate und 28 Tage. Wie bei allen Neubauten der dreißiger Jahre hatte sie die kräftige Unterstützung ihrer Regierung, bei der der Schock nach dem Verlust Algeriens noch tief saß. Im Bau des Superschiffes sah man ein Mittel zur moralischen Aufrüstung, ein Stück schwimmende Public Relations. Die vorangegangenen Studien hatten ergeben, daß ein großes Schiff von mehr als 66 000 BRT vorteilhafter sein würde als zwei mittlere von etwa 30 000 BRT. Außerdem schien es günstiger zu sein, nur noch zwei Klassen statt der üblichen drei vorzusehen. Man plante Unterkünfte für 500 Passagiere der 1. und 1 500 der Touristenklasse. Für die Touristenklasse waren erstmalig durchgehende Decks vom Bug bis zum Heck vorgesehen, einschließlich der Mittschiffsbereiche, die früher der 1. Klasse vorbehalten waren. Die Länge über alles betrug 315 Meter. Damit war die *France* gut einen Meter länger als die *Queen Elizabeth* und mehr als zwei Meter länger als die

Nach dem ersten Transatlantikflug eines Düsenverkehrsflugzeuges schien es klar: Die *United States* würde für lange Jahre die letzte Trägerin des Blauen Bandes sein. Es gab Gerüchte, die *France* (1962) oder die *Queen Elizabeth 2* im Jahre 1969 wollten Rekordversuche unternehmen, aber solche Aktionen lohnten sich nicht mehr. Eher wurde etwas mehr Zeit an Bord als wünschenswert erachtet.

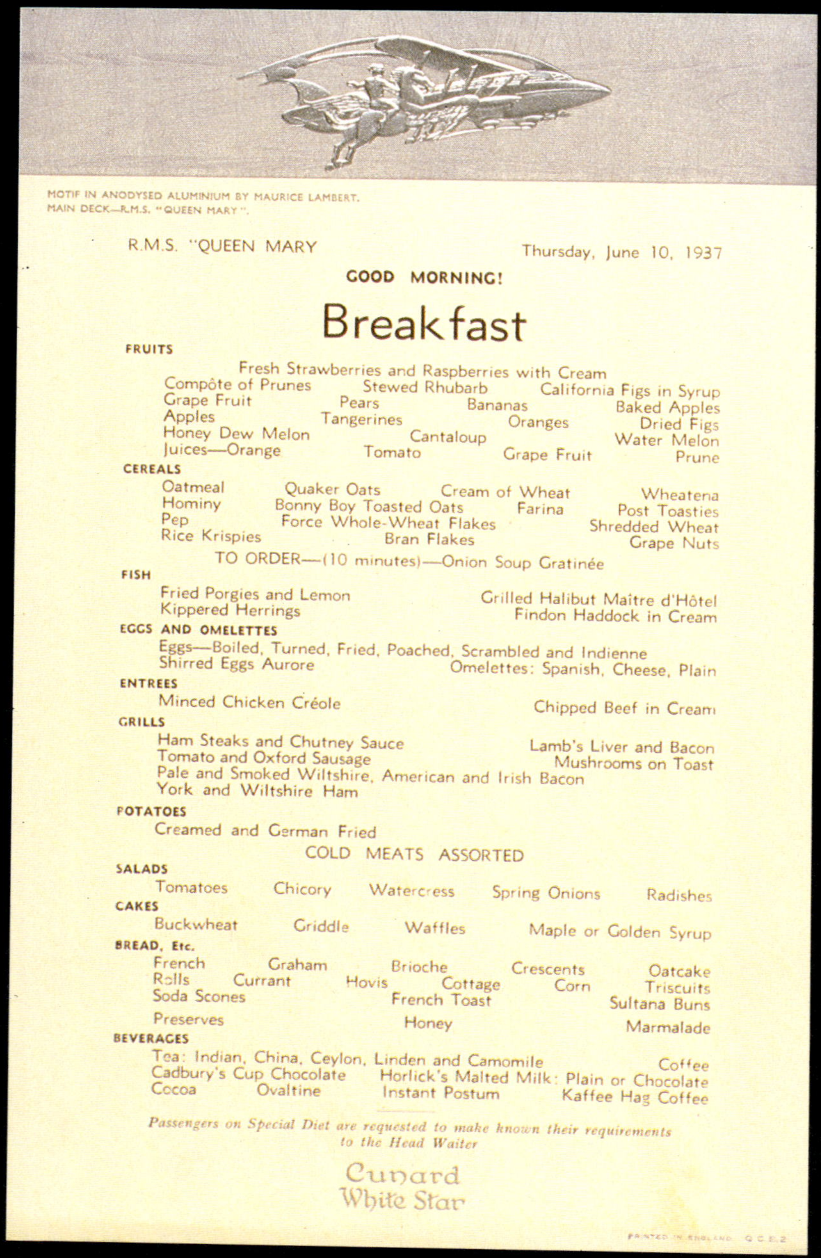

MOTIF IN ANODYSED ALUMINIUM BY MAURICE LAMBERT.
MAIN DECK—R.M.S. "QUEEN MARY".

R.M.S. "QUEEN MARY — Thursday, June 10, 1937

GOOD MORNING!

Breakfast

FRUITS

Fresh Strawberries and Raspberries with Cream
Compôte of Prunes — Stewed Rhubarb — California Figs in Syrup
Grape Fruit — Pears — Bananas — Baked Apples
Apples — Tangerines — Oranges — Dried Figs
Honey Dew Melon — Cantaloup — Water Melon
Juices—Orange — Tomato — Grape Fruit — Prune

CEREALS

Oatmeal — Quaker Oats — Cream of Wheat — Wheatena
Hominy — Bonny Boy Toasted Oats — Farina — Post Toasties
Pep — Force Whole-Wheat Flakes — Shredded Wheat
Rice Krispies — Bran Flakes — Grape Nuts
TO ORDER—(10 minutes)—Onion Soup Gratinée

FISH

Fried Porgies and Lemon — Grilled Halibut Maître d'Hôtel
Kippered Herrings — Findon Haddock in Cream

EGGS AND OMELETTES

Eggs—Boiled, Turned, Fried, Poached, Scrambled and Indienne
Shirred Eggs Aurore — Omelettes: Spanish, Cheese, Plain

ENTREES

Minced Chicken Créole — Chipped Beef in Cream

GRILLS

Ham Steaks and Chutney Sauce — Lamb's Liver and Bacon
Tomato and Oxford Sausage — Mushrooms on Toast
Pale and Smoked Wiltshire, American and Irish Bacon
York and Wiltshire Ham

POTATOES

Creamed and German Fried

COLD MEATS ASSORTED

SALADS

Tomatoes — Chicory — Watercress — Spring Onions — Radishes

CAKES

Buckwheat — Griddle — Waffles — Maple or Golden Syrup

BREAD, Etc.

French — Graham — Brioche — Crescents — Oatcake
Rolls — Currant — Hovis — Cottage — Corn — Triscuits
Soda Scones — French Toast — Sultana Buns
Preserves — Honey — Marmalade

BEVERAGES

Tea: Indian, China, Ceylon, Linden and Camomile — Coffee
Cadbury's Cup Chocolate — Horlick's Malted Milk: Plain or Chocolate
Cocoa — Ovaltine — Instant Postum — Kaffee Hag Coffee

Passengers on Special Diet are requested to make known their requirements to the Head Waiter

Cunard
White Star

A section of Doris Zinkeisen's main Painting in the Verandah Grill, Sun Deck, R.M.S. "Queen Mary."

An Bord zu speisen, war auch in den 50er Jahren immer noch ein einmaliges Erlebnis. Cunard behauptete z.B. stolz, man würde auf Wunsch ein komplettes Frühstück am Nachmittag oder ein Mittagessen weit nach Mitternacht servieren. Es gab auch für jeden Geschmack etwas – mit einer Ausnahme: Ein Ölbaron aus Texas verlangte zum Dinner Klapperschlange. Die aber hatte man nicht in der Kühltruhe ... Das Frühstück war üppig; acht verschiedene Arten Schinken standen zur Auswahl. Die Speisekarte auf Seite 78 bietet zum Frühstück auch 12 verschiedene Fruchtsorten, diverse Kompotte, Fisch, Eier in allen denkbaren Zubereitungsarten, Würstchen, 14 Müsli-Arten, 14 Brotsorten, 14 verschiedene Getränke sowie Bratkartoffeln, Salate und Kuchen.

Normandie. Auch von der *France* war das Publikum fasziniert. Die Innenausstattung wurde sehr gelobt, obwohl sie recht modern war, zum Teil sogar von kühler Funktionalität. In der 1. Klasse gab es eine Reihe höchst luxuriöser Suiten, einige mit privatem Sonnendeck, andere mit getrenntem Speisezimmer und anschließender kleiner Küche. Auf dem Sonnendeck waren 20 Hundezwinger errichtet, mit Teppichboden und fließendem Wasser versehen; die Bewohner wurden mit speziellen Menüs versorgt. In den Wandelgängen fand man einen Löschwasserhydranten, wie sie in New York stehen, ebenso wie einen Meilenstein aus Paris. Im zwei Decks hohen Theatersaal konnten 664 Zuschauer Platz nehmen. Einer der beiden Swimmingpools befand sich im Unterdeck, während der andere offen auf dem Achterdeck lag, aber durch ein Glasdach geschützt war. Den Speisesaal 1. Klasse, Chambord genannt, betrat man über ein völlig verglastes Treppenhaus. Bei sanfter indirekter Beleuchtung konnten 400 Gäste gleichzeitig in komfortablen Sesseln dinieren. Außerdem gab es noch einen kleineren, intimeren Grill Room, der als eines der besten französischen Restaurants überhaupt galt. Übrigens verfügten fast alle Kabinen im Gegensatz zu den meisten anderen Schiffen über eigene Duschen und Toiletten.

Vor allem in der ersten Zeit wurden Passagiere wie auch Besucher mit einer Flut von Informationen und Statistiken überschwemmt, wie sie seit langem von den Werbeabteilungen der Reedereien benutzt wurden. Zum Beispiel: Die *France* hatte 25 000 Bettücher aus Leinen an Bord, ferner 246 000 Servietten, 47 500 Besteckteile, und hätte man alle 23 700 Teller aufeinandergestellt, so wäre ein Turm von etwa 250 Meter Höhe entstanden – höher als der Woolworth-

Die *Leonardo da Vinci* galt bei ihrer Indienststellung 1960 als Schiff der Zukunft: Ihre Erbauer hatten den späteren Einbau einer Atomantriebsanlage bereits vorgesehen. Eine Idee, die jedoch nie in die Tat umgesetzt wurde. Bei ihrem Ende um 1975 war die *Leonardo* ein kostspieliges, schadanfälliges Schiff. Immerherin war sie Vorläuferin der Zwillinge *Michelangelo* und *Raffaello*, beide noch größer und prächtiger und mit herkömmlichen Turbinen ausgerüstet. Sie kamen jedoch zu spät auf den Atlantik und brachten niemals Gewinne ein.

Wolkenkratzer in New York . . . 1974, nach 12jährigem Dienst, war die *France*, wie fast alle Ozeanriesen, am Ende. Die Zahl der Passagiere war ständig zurückgegangen, und mit ihr die Einnahmen. Die Betriebskosten hingegen, vor allem für Treibstoff, waren auf das Dreifache gestiegen. Die Regierung Frankreichs hätte ihren Jahreszuschuß von 14 auf 24 Millionen Dollar erhöhen müssen. Statt dessen strich sie die Subvention völlig; mittlerweile schien es ihr sinnvoller, das Überschallflugzeug CONCORDE zu fördern. Selbst wenn die *France* ständig bis zur letzten Koje ausgebucht gewesen wäre – ohne die Staatshilfe konnte die Reederei das Schiff nicht länger betreiben. Kurz vor dem Ende, im September 1974, meuterte auch noch vor Le Havre ein Teil der Besatzung und legte das Schiff im Ärmelkanal vor Anker. Sie verlangten Weiterbeschäftigung und gleichzeitig 35 Prozent Lohnerhöhung. Die Lage war hoffnungslos. Schon bald nach der Rückkehr wurde die *France* im hintersten Winkel von Le Havre festgemacht, um weitere Entscheidungen abzuwarten. Manche dachten schon daran, sie zum Abwracken zu verkaufen. Und so endete auch bei der French Line, einer der großen Transatlantik-Reedereien, die Linienschiffahrt mit den sagenhaften Ozeanriesen.

Drei Jahre nach Ablieferung der *France* kam Italien gleich mit zwei neuen Superschiffen auf die Mittelmeer-Atlantik-Route! Auch sie kamen natürlich zu spät, und in den zehn Jahren ihrer Betriebszeit fuhren sie nie auch nur einen Pfennig Gewinn ein. Noch 1960 konnte die Italian Line sich rühmen, sechs mittelgroße Schiffe im Einsatz nach New York zu haben, darunter die brandneue *Leonardo da Vinci*. Damals sah die Zukunft noch hell aus, und Italien wollte seinen

Anteil an dem Kuchen haben. Mit den beiden neuen Italienern war zum ersten Mal seit den deutschen *Bremen* und *Europa* von 1929/30 wieder ein richtiges Pärchen gebaut worden. *Michelangelo*, in Genua auf Kiel gelegt und 1962 getauft, war älter. Die *Raffaello* folgte von einer Werft in Monfalcone an der Adriaküste. Im Frühjahr bzw. Sommer 1965 waren sie fertiggestellt. Die *Michelangelo* wurde als Flaggschiff betrachtet. Beide zusammen stellten eine Investition von ca. 100 Millionen Dollar dar. Die beiden Schwestern waren mit 275 Meter Gesamtlänge länger als die *Rex*, aber mit weniger als 45 000 BRT geringer vermessen als diese (über 51 000 BRT).

Die neuen Zwillinge sahen ungewöhnlich aus. Die Rümpfe waren durchgehend weiß, eine Abkehr vom Schwarz der meisten Atlantikrenner; rundum verlief eine grüne Zierlinie. Durch ihre Länge und die Art des Anstrichs wirkten die Schiffe niedriger und flacher, als sie wirklich waren. Die Aufbauten waren nämlich fünf Decks hoch (vom Hauptdeck aus gerechnet). Die beiden Schornsteine saßen sehr weit achtern, und es sah so aus, als wäre noch Platz für einen dritten gewesen. Die Architekten hatten diesen Platz für einen exklusiven 1.-Klasse-Swimmingpool nebst Sonnendeck genutzt. Die beiden Schornsteine selbst wirkten sehr ungewöhnlich. Sie waren etwa 13 Meter hoch und erinnerten stark an die Gitter-Gefechtsmasten älterer Schlachtschiffe. Gekrönt von langen rauchabweisenden Reflektorblechen, waren sie in Wirklichkeit eine Art Vogelkäfige, die Entlüftungsrohre umgaben.

Die Schiffe boten 1 775 Passagieren Platz; die Einteilung in drei Klassen war noch traditio-

Solche Medaillen wurden an die Passagiere italienischer Schiffe als »ricordo di viaggio«, als Reiseandenken verteilt.

nell. Jede Kabine in allen Klassen verfügte über Dusche oder Bad und Toilette. Es gab 30 Gesellschaftsräume, darunter einen Theatersaal mit 489 Plätzen. Marmor, Stuckdecken und verzierte Säulen wie auf den älteren *Rex* und *Conte di Savoia* gab es nicht mehr. An ihre Stelle waren Resopal, Keramiken und moderne Wandteppiche getreten. Jedes der Schiffe hatte sechs Schwimmbecken, von denen je drei besonders flach und damit für Kinder geeignet waren. Die Bäder für Erwachsene waren infrarot beheizt, so daß man auch an kühleren Tagen am Beckenrand liegen konnte.

Die Hoffnungen, daß *Michelangelo* und *Raffaello* ein langes, ertragreiches Leben beschert sein würde, waren von vornherein irreal. Um 1970 benötigten die beiden Schiffe Zuschüsse in besorgniserregender Höhe. Manchmal waren mehr Besatzungsmitglieder als Fahrgäste an Bord. Es war die Rede davon, daß die Schiffe durch mancherlei kostensparende Maßnahmen in Betrieb gehalten werden sollten, aber es geschah praktisch nichts, und die Verluste stiegen mit jeder Saison. Als die staatlichen Stellen mit Subventionskürzungen und Stillegung liebäugelten, wurden Streiks der italienischen Seeleute zur Regel. Um so stärker wurde der Druck auf die Reeder, die vorgegebenen Fahrpläne einzuhalten, um wenigstens die wenigen noch vorhandenen Passagiere nicht auch noch zu verlieren.

1973 stiegen die Treibstoffkosten rapide an. Das war der nächste Schock. Der italienische Staat stellte seine Subventionen ein, und beide Schiffe wurden im Sommer 1975 stillgelegt, zunächst in Genua. Später kamen sie nach La Spezia, einem kleineren Hafen und Sitz der größten Abwrackwerft des Mittelmeerraumes. Die Zeitungen begannen zu spekulieren, daß ein Verschrotten der beiden Superschiffe nicht auszuschließen sei, und das, o Graus, an ihrem zehnten Geburtstag! Und dabei war die Regierung wegen des Baus zunächst scharf kritisiert worden.

Defizitgeplagte Ozeanriesen außer Dienst waren oft Gegenstand aller möglichen Spekulationen; *Michelangelo* und *Raffaello* ging es nicht anders. Es gab Gerüchte, sie sollten als schwimmende Krebsklinik, als Hotel oder gar als sowjetische Kreuzfahrer eingesetzt werden. Doch nichts davon: 1977 wurden sie in den Iran verkauft, wo sie als schwimmende Militärunterkünfte Verwendung fanden. Die *Raffaello* sank 1983 nach einem irakischen Luftangriff, und die *Michelangelo* endete noch weiter östlich unter den Schneidbrennern einer Abbruchfirma in Taiwan, vier Jahre später. Bis dahin gehörten sie zu den letzten Überlebenden der einst so ruhmreichen Italian Line.

Irgendwie war es typisch, daß ausgerechnet die selbst fast historische Cunard Company den letzten Superliner auf den Atlantik brachte. Er ist das letzte Überbleibsel der illustren Trans-Ozean-Flotte. In den frühen 60er Jahren, als das totale Ende der Passagierschiffahrt noch nicht so deutlich sichtbar war, dachten die etwas konservativ und traditionell verhafteten Direktoren der Cunard daran, die langsam alt werdende *Queen Mary* zu ersetzen. Sie hatten ein Schiff im Auge, das drei Klassen anbieten sollte und damit im Wechsel mit der ebenfalls schon betagten *Queen Elizabeth* verkehren konnte. Der Arbeitsname war »Q 3« – die dritte Queen. Der Plan mußte sorgfältig überlegt werden. Wahrscheinlich war die Zeit der dreiklassigen Schiffe vorbei, und die Anpassung an die originale *Elizabeth* war möglicherweise ein Irrweg, wenn für zwei große Dampfer unter einer Reedereiflagge kein Bedarf mehr im nordatlantischen Linienverkehr bestand, ausgenommen vielleicht während der touristischen Hochsaison im Sommer – und das auch nur noch für ein paar Jahre. Was sollte Cunard dann während der restlichen neun oder zehn Monate mit dem zweiten großen Dampfer anfangen? Zwar wurde die *Elizabeth* modernisiert und »tropentauglich« gemacht, aber im Grunde war sie zu alt und auch zu teuer für

Vielleicht war der »fallende Vorhang« für die Passagierschiffahrt auf dem Nordatlantik am ehesten durch die Abschiedsreisen der Cunard-*Queens* in den Jahren 1967/68 deutlich geworden. Damit endete das Zeitalter der Nordatlantikrenner. Die Schiffe wurden, wie auf dem Bild unten die *Queen Elizabeth*, mit Wasserfontänen, Dudelsackmusik und Wehmutstränen verabschiedet.

eine solche Umstellung. Man hatte ihr auf dem Achterdeck einen offenen Swimmingpool verpaßt und bunte Girlanden aufgehängt und gar einen ihrer Gesellschaftsräume mit schreienden Farben und Plastikblumen ausgestattet. Aber mit solchen Maßnahmen ließ sich aus einem für den rauhen Nordatlantik konstruierten Schiff kein Kreuzfahrer für sonnige Tropenreisen machen. Was Cunard dringend brauchte, war ein Schiff, das höchst wirtschaftlich einzusetzen war, ein halbes Jahr lang auf dem grauen Atlantik und danach in den immer beliebter werdenden tropischen Gewässern. Die große alte Dame *Queen Mary*, unrentabel bis dort hinaus, wurde 1967 aufgegeben, und bald folgte ihr die *Elizabeth*. Ursprünglich wollte man sie bis etwa 1975 laufen lassen, auch im Linienverkehr über den Atlantik. Aber diese ältlichen und verblühten Damen hatten ihren Zenit längst überschritten. Und – auch die »Q-3«-Pläne verschwanden von den Zeichenbrettern. Sie waren schon wieder überholt. Gegenüber dem »Q-3«-Projekt war das von Grund auf neu konzipierte

Schiff (man hatte es flugs »Q 4« benannt) eine viel modernere Mischung aus Atlantikliner und Kreuzfahrer. Vor allem jedoch sollte es ein schwimmendes Hotel sein, ein Luxus-Kurort auf dem Wasser werden. Der streng nach Klassen getrennte, edelholzverbrämte Atlantikfahrer gehörte der Vergangenheit an. Nur noch wenige Fahrgäste erwarteten säulengeschmückte Salons oder eine paneelierte Bücherei an Bord; die meisten dachten an Ladenstraßen, Discos und Las-Vegas-Revues in flotten Theatersälen, die jetzt mit rostfreiem Stahl und Keramik statt gobelingeschmückten Wänden aufwarteten. Es gab nur noch zwei Klassen – Erste und Touristenklasse, und die Unterschiede waren nicht mehr sehr groß. Natürlich war die Touristenklasse oder »Transatlantic Class«, wie Cunard sie nun nannte, nicht ganz so komfortabel wie die Erste Klasse.

Nie hatte ein Schiff mehr Publicity als die Queen Elizabeth 2. *Ihr fast anachronistisches Dasein im Zeitalter des Luftverkehrs ließ sie ständig im Scheinwerferlicht stehen. Der Luxus an Bord war exquisit, die First-Class-Kabinen waren extravagant und die Winterkreuzfahrten opulent. Aber es gab auch Probleme: etwa den blinden Bombenalarm 1972 mitten im Atlantik oder, 1973 während einer Kreuzfahrt nach Israel, den angedrohten U-Boot-Angriff durch arabische Terroristen. Noch Schlimmeres passierte im April 1974, als sie vor den Bermudas durch eine Maschinenhavarie bewegungsunfähig wurde.*

Die Kiellegung erfolgte auf der gleichen Werft am Clyde River, die schon die früheren *Queens* und die noch älteren *Lusitania* und *Aquitania* gebaut hatte, im Juni 1965. Es sollte natürlich ein großes Schiff werden, wenn auch nicht so riesig wie die anderen *Queens*, und auch leistungsstark, wenn auch nicht rekordverdächtig. Die äußere Form war völlig anders als gewohnt, etwas ganz Neues im Schiffbau. Nur noch ein Mast erhob sich auf der weit vorgezogenen Brücke, der scharfe Bug sprang weit vor und das Achterdeck war nahezu halbkreisförmig. Den Namen der Reederei CUNARD konnte man in großen Lettern auf rotem Fond von den weißen Aufbauten ablesen. Das mußte sein, denn das frühere typische Erkennungsmerkmal der Ozeanriesen, die mit den Reedereifarben und -symbolen bemalten gewaltigen Schornsteine gab es auf der *Q 4* nicht mehr. Der einzige Rauchabzug bestand aus einem flachen Oval, aus dem eine dünne Qualmröhre herausragte; das ganze Vehikel war schlicht weiß und schwarz gestrichen. Für die wohlbekannten, Erinnerung weckenden Schornsteinfarben war es ungeeignet. Cunard wollte sich ein neues Image geben, um die Vergangenheit, das konservative Erbe hinter sich zu lassen.

Was man in den Augen der Interessenten sein wollte, war: eine höchst moderne Gesellschaft auf dem Gebiet der schwimmenden Hotels, beheimatet in einem noch moderneren England. Jahre später, um 1982, nahm Cunard (welche Ironie!) die Kontakte zur eigenen etwas hausbackenen Vergangenheit intensiv wieder auf, und das Flaggschiff erhielt wieder die altbewährten Schornsteinfarben.

Den einschneidenden Einflüssen des Luftverkehrs auf den Atlantikverkehr und anderen düsteren Prophetien zum Trotz war Cunard überzeugt, ein letztes Superschiff bauen zu müssen, die *Queen Elizabeth 2* von 1969. Die Königin selbst nahm die Taufe vor und benutzte dabei die gleiche goldene Schere, die schon ihre Mutter und ihre Großmutter bei der Taufe der ersten *Queen Elizabeth* bzw. der *Queen Mary* verwendet hatten.

Die *QE2* ist in der Tat ein schwimmendes Hotel. An Bord befinden sich alle denkbaren Annehmlichkeiten, vom piekfeinen Grill Room über eine Einkaufsstraße und glasüberdachte Schwimmbecken bis zum bordeigenen Fernsehen. Es finden Shows im Las-Vegas-Format ebenso statt wie Vorträge. Wer will, kann Diätkost bekommen, und für Geschäftsreisende stehen Konferenzräume zur Verfügung.

Die Namensgebung war wieder einmal von beträchtlichem Wirbel umrahmt. Nach verschiedenen Quellen sollte sie *Queen Mary 2*, dann *Britannia*, *Great Britain*, *William Shakespeare* und sogar *Winston Churchill* heißen. Die endgültige Entscheidung wurde bis zum Schluß streng geheimgehalten und war das Ergebnis einer Vereinbarung zwischen Ihrer Majestät, der Königin Elizabeth II. und Cunard. Die Monarchin hatte zugesagt, wie zuvor ihre Mutter und ihre Großmutter Englands repräsentativstes Schiff persönlich zu taufen. Am 20. September 1967 erhielt das neue Schiff beim Stapellauf den Namen *Queen Elizabeth 2*, genau zwei Tage bevor die betagte *Queen Mary* ihre letzte Transatlantikfahrt von New York antrat.

Die erste Reise sollte im Januar 1969 stattfinden, drei Monate nach Außerdienststellung der ersten *Elizabeth*. Alles schien sorgfältig vorbereitet und geplant. Infolge der übergroßen Nachfrage und starker Werbung sah sich Cunard veranlaßt, fünf als »Jungfernfahrten« deklarierte Reisen anzusetzen.

Gegen alle Gewohnheiten war die Route wie folgt geplant: ab Southampton durch den mittleren Atlantik in die sonnige Karibik und erst dann nordwärts bis New York. Unter den zahlreichen Vorausbuchungen waren viele von unbeirrbaren Anhängern der traditionellen Atlantikschiffahrt und speziell der Cunard Line.

Die *QE 2*, wie sie bald überall hieß, verließ die Werft zwei Monate vorher, im November 1968, zu ersten Probefahrten. Dabei gab es sehr bald ernsthafte Probleme mit den Antriebsturbinen sowie andere Schwierigkeiten. Sie schlich verschämt zurück zur John-Brown-Werft. Cunard verweigerte die Abnahme. Wieder instandgesetzt, lief sie schließlich in Southampton ein, ihrem Heimathafen und Sitz von Cunard in einem supermodernen Verwaltungsbau (die älteren *Queens* waren im Gegensatz dazu noch in Liverpool registriert gewesen). Es war mehr als peinlich, als nun weitere Fehler festgestellt wurden; wiederum lehnte Cunard die Übernahme seines

65 800-BRT-Schiffes, das 80 Millionen Dollar kosten sollte, ab. Noch schlimmer: Die Eröffnungsreisen mußten abgeblasen werden, was über zehn Millionen Dollar kostete. Erst Mitte April war es soweit, daß die *QE 2* die Cunard-Flotte vergrößern konnte, und die Jungfernreise, auf eine normale Überfahrt von Southampton nach New York reduziert, konnte endlich im Mai stattfinden.

Die neue *Queen* hatte nur noch zwei Genossen aus der ehemals großen legendären Schar der Ozeanriesen, die pfeilschnelle *United States* und die berühmte *France*. Sie überlebte beide, und nach 1974, als auch das französische Flaggschiff zurückgezogen wurde, war sie die letzte und einzige auf dem Nordatlantik. Es gab kein vergleichbares Schiff mehr. Seitdem wurden ihre Transozean-Reisen immer beliebter. Es scheint, daß mehr und mehr Reisende den Komfort und die Entspannung eines Fünf-Tage-Urlaubs auf See schätzen.

1987/88 ließ Cunard die *Queen* für gut 160 Millionen Dollar (mehr als das Doppelte der Bausumme vor zwanzig Jahren) zu dem, was man »das Schiff mit der meisten Publicity auf dem Weltmeer« nannte, umbauen. Die Einrichtung wurde völlig erneuert und verbessert sowie zusätzliche Suiten eingebaut. Zu den renovierten Restaurants kam ein weiterer Grill Room hinzu. Am wichtigsten, allerdings auch am teuersten, war jedoch die Umstellung von den störanfälligen und außerordentlich kostenintensiven Dampfturbinen auf den viel wirtschaftlicheren dieselelektrischen Antrieb. So kann sie bis ins nächste Jahrhundert fahren – als letzter Nachfahre der großen Vorgänger ihrer Gattung: der frühen *Britannia*, der deutschen Schiffe um die Jahrhundertwende, der *Lusitania* wie der unvergeßlichen *Titanic* , der *Normandie* und endlich der *United States*.

Die *Queen Elizabeth 2* scheint einer gesicherten Zukunft entgegenzugehen. Sicher beruht ihr Ansehen großenteils auf ihrer einmaligen historischen Position: Sie ist der letzte der atlantischen Ozeanriesen.

CUNARD

DIE GROSSEN SCHIFFS-KATASTROPHEN

Es gibt nichts, was die Öffentlichkeit mehr interessiert, ja erregt, als große Katastrophen. Eine der unvergeßlichen, für manche zum Trauma gewordenen Tragödien ist der Untergang der *Titanic*, eines der größten Schiffe der damaligen Zeit. Bis zum heutigen Tage ist ihr Verlust auf der Jungfernfahrt Gegenstand von Untersuchungen und Spekulationen, neuer Bücher und neuerdings, nachdem ihre Überreste im Westatlantik aufgespürt wurden, von Video-Dokumentationen. Da liegt sie, in unserem Zeitalter automatischer Kameras allen sichtbar, am Meeresgrund, in zwei Teile zerbrochen, ohne Schornsteine und Masten, zerfallen, verrostet und überkrustet, aber auf ihre Weise trotzdem ein Zeugnis ihres Zeitalters der Ozeanriesen.

Die *Titanic* galt als das bedeutendste Schiff des Jahres 1912. Ihre Besitzer, die White Star Line, waren stolz auf sie, aber sie waren sich wohl bewußt, daß sich ihr Prunkstück im Zeitalter gnadenlosen Konkurrenzkampfes nicht lange im Glanz ihres Ruhmes würde sonnen kön-

Die *Atlantique*, ein wundervoll ausgestattetes Schiff, war für den Südatlantikverkehr von Bordeaux nach Rio und Buenos Aires gebaut. Im Jahre 1933 wurde sie durch ein verheerendes Feuer vernichtet.

nen. Schon im folgenden Jahr würden die Deutschen über ein größeres und vielleicht auch großartigeres Schiff verfügen. Deswegen brauchte die *Titanic* ein besonderes Image, daß sie von Konkurrenzdampfern abhob und zusätzlich Passagiere anzog. Die Reederei und ihre Werft in Belfast entschieden sich, sie zum sichersten Ozeanriesen auf See zu machen – »unsinkbar«. Selbst wenn zwei ihrer 16 gegeneinander abgeschotteten Abteilungen vollgelaufen waren, sollte sie schwimmend bleiben, und noch mehr: Sie brauchte deshalb nicht die kompletten üblichen Sicherheitseinrichtungen. Rettungsboote gab es nur für jede zweite Person an Bord . . .

Ihre erste Ausreise im April 1912 war von hektischer Aufregung begleitet. Vor allem der Geldadel war begeistert und zahlte mit Vergnügen an die 5 000 Dollar für eine Suite während der Jungfernfahrt des neuesten »schwimmenden Palastes«. Als sie am 10. April ablegte, waren 2 227 Personen, Passagiere und Besatzung, an Bord. Sie nahm forsch den nächsten Weg durch den Nordatlantik nach New York, wo sie am 16. 4. ankommen sollte. Die Stimmung an Bord war glänzend; niemand ahnte ein Unheil. Eisbergwarnungen, u. a. von dem deutschen Schiff *Amerika* wurden weitgehend ignoriert. Gerade gegen Eisberge sollte die *Titanic* unempfindlich sein. Sie konnte ja nicht sinken. Aber das erste und einzige »unsinkbare« Schiff der Welt hatte das Schick-

Die gigantische *Titanic* schien von Anfang an unter keinem guten Stern zu fahren: Bei der ersten Ausreise aus Southampton am 10. 4. 1912 vermied sie nur um Haaresbreite eine Kollision mit einem anderen Passagierdampfer, der amerikanischen *New York* (Bild S. 92). – Der Zusammenstoß mit einem Eisberg und ihr Untergang gelten als größte Tragödie der Seefahrt. – Eisberge blieben immer der Alptraum aller Nordatlantikfahrer. Manche Schiffe waren mit extra starken Scheinwerfern für die Nachtwachen ausgerüstet.

sal gegen sich. In der Nacht des 14. April, etwa 400 Seemeilen östlich von Neufundland, schrammte sie seitlich an einem riesigen Eisberg entlang. An dem 269 Meter langen Schiffsrumpf entstand ein fürchterlicher 91 Meter langer Riß; es gab keine Rettung. Innerhalb von drei Stunden sank der Bug durch den Wassereinbruch immer tiefer. Dann hob sich das Heck fast senkrecht aus dem Wasser, und die *Titanic* schoß auf den 3 600 Meter tiefen Grund des eiskalten Atlantik. Es war die schlimmste maritime Tragödie aller Zeiten.

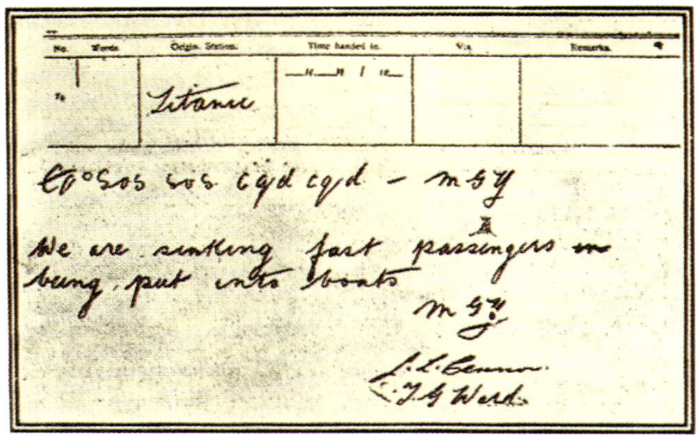

No.	Words	Origin Station	Time handed in	Via	Remarks
		Titanic			

CQ SOS SOS CQD CQD – MGY

We are sinking fast passengers being put into boats

MGY

J. L. Cannon

J. G. Ward

Der Kapitän ging mit seinem Schiff unter, desgleichen die meisten Zwischendeckpassagiere, jene armen Geschöpfe in den Labyrinthen der engen Unterdecks. Manche wurden durch die unüberwindbaren Barrieren zur 1. Klasse daran gehindert, zu den wenigen Rettungsbooten zu gelangen. 1 522 Menschen verloren ihr Leben, nur 705 wurden gerettet, ein knappes Drittel all derer, die sich an Bord befunden hatten. Im Morgengrauen erschien das erste durch die SOS-Rufe alarmierte Schiff, ein kleiner Cunarder namens *Carpathia*, und begann die Überlebenden in den Rettungsbooten aufzunehmen, fast ausschließlich 1.-Klasse-Passagiere. Die White Star Line erholte sich nie ganz von diesem Schicksals-

Nur 32 Prozent der Menschen an Bord überlebten die *Titanic*-Katastrophe. Viele mochten auch nach ihrer Rettung nicht glauben, daß das als »unsinkbar« geltende Schiff nicht mehr existierte. Schon seinen ersten Bestimmungshafen hatte es nicht erreicht. In zwei Teile zerbrochen, zerfällt es auf dem Meeresgrund. – Die *Empress of Ireland* hingegen, die zwei Jahre später unterging (Foto S. 95), ist in relativ gutem Zustand, weil sie in einer Strömungsrinne des St.-Lorenz-Stromes liegt.

schlag. Natürlich wurden sofort alle Sicherheitsmaßnahmen verbessert, und viele Schiffe, auch die *Olympic*, erhielten zusätzliche Rettungsboote. Die öffentliche Meinung sollte beruhigt werden. Es mußte ganz einfach höhere Sicherheitsgarantien für den Nordatlantikverkehr geben.

Drei Jahre früher, im Januar 1909, war bereits ein anderer White-Star-Dampfer in ein großes, wenn auch weniger folgenreiches Unglück verwickelt gewesen: Die *Republic*, ein 15 000-BRT-Schiff, hatte beim Nantucket-Feuerschiff vor New York eine Kollision mit einem anderen Passa-

gierdampfer, der italienischen *Florida*, gehabt. Die *Republic* hatte über 2 000 Menschen an Bord; sie wurde schwer beschädigt und brauchte dringend Hilfe. Zum ersten Mal in der Geschichte der Seefahrt sandte ihr Funker SOS-Signale aus. Andere Schiffe nahmen den Hilferuf auf, eilten herbei und retteten alle bis auf vier Personen. Das neue Funksystem hatte seine Bewährungsprobe bestanden und wurde fortan allgemein verwendet. Am folgenden Tag versuchten einige Frachter, den Havaristen abzuschleppen, aber die Schäden an dem Schiff waren zu schwer. Es sank auf den Grund des Meeres. Da liegt die *Republic* seitdem und verfällt mehr und mehr, übrigens gar nicht weit entfernt von der Stelle, wo ein halbes Jahrhundert später die italienische *Andrea Doria* ihr Grab in den Wellen fand.

Der unglückliche Kapitän, der das Unglücksschiff *Titanic* befehligte.

Zwei Jahre später, im Mai 1914, wurde England von einem weiteren schweren Verlust betroffen. Es war die *Empress of Ireland*, mit 14 000 BRT eines der größten und schönsten Schiffe, die damals über den St.-Lorenz-Strom zwischen Liverpool und dem kanadischen Quebec verkehrten. Im St.-Lorenz-Strom, nahe Father Point, wurde sie in dichtem Nebel von einem schlecht

R.M.S. "EMPRESS of IRELAND"
FASTEST & FINEST to CANADA
570 feet in length, 65 feet broad, 14,500 tons, she has reciprocating engines of 18,500 horsepower and twin screws her shortest passage from land to land is 3 days 17 hours and 54 minutes, which constitutes the record from America to Europe. Her record days run westward is 469 and eastward 442.

Nach Kriegsbeginn warnte die deutsche Regierung in amerikanischen Zeitungen vor den Gefahren einer Seereise in britische Gewässer, die als Kriegsgebiet betrachtet wurden.

navigierenden norwegischen Frachter gerammt. Tödlich getroffen, sank sie fast augenblicklich und nahm 1 024 Menschen mit in die Tiefe. Aber damit war die Unglücksserie noch nicht beendet. England mußte noch den Verlust eines weiteren Ozeanriesen in Kauf nehmen. Diesmal war es eine Tragödie infolge des Ersten Weltkrieges.

Der Untergang des Cunard-Dampfers *Lusitania* im Jahre 1915 war bestimmt die bekannteste Katastrophe dieses Krieges. Im Gegensatz zu ihrem schnellen Schwesterschiff *Mauretania*, das gleich zu Kriegsbeginn für militärische Einsätze umgerüstet worden war, versah sie eine Art »neutralen« Zivilverkehr zwischen Liverpool und New York. Sie transportierte zahlende Fahrgäste und Handelsgüter, doch ein Teil ihres Laderaumes war auch für US-Waffenlieferungen nach England reserviert. Im Mai 1915 hatte sie daher außer den »offiziellen« Gütern wie Kupfer, Käse und Fässern mit Austern auch eine Menge ziemlich ominöse, geheimnisvolle Fracht an Bord: Schrapnell-Geschosse, Kisten mit Zündern, zehn Tonnen Sprengstoff, sechs Millionen Infanteriegeschosse und einige hundert Ballen sogenannter »raw furs«, eine teuflische Variante der Schießbaumwolle, die bei der geringsten Berührung mit Wasser sofort in die Luft ging. Man nahm an, daß die *Lusitania* als »neutrales« Schiff vor Angriffen sicher sei. Außerdem hieß es, sie sei für die deutschen

U-Boote viel zu schnell. Aber am Morgen des 7. Mai 1915 konnte ein U-Boot einen Torpedo abschießen, der das Schiff steuerbords unter der Brücke traf. Eine gewaltige, 60 Meter hohe Rauch- und Wassersäule schoß hoch und riß Metallsplitter, Holzteile und Heizkohle mit. Die *Lusitania* nahm viel Wasser und hatte bald gefährliche Schlagseite. Plötzlich gab es eine zweite Explosion, die den gesamten Bug aufriß. Viele Überlebende glaubten, daß das nicht ein zweiter Torpedo oder eine Kesselexplosion war, sondern die geheimnisvolle militärische Fracht in den vorderen Laderäumen. Es dauerte nur 18 Minuten, bis die *Lusitania* in den Wellen vor der Südostküste Irlands versank. Unter den 1 198 Opfern befanden sich 758 Passagiere. Ein Mann der Besatzung hatte geradezu unglaubliches Glück: Er überstand auch diese Katastrophe, nachdem er vorher schon den Untergang der *Titanic* und das Ende der *Empress of Ireland* überlebt hatte! Frankreich besaß mit der mächtigen *L'Atlantique* eine Verwandte der berühmten *Ile de France.* Beides waren große, leistungsfähige und gut ausgestattete Dampfer, jedoch für unterschiedliche Verwendung gebaut. Die *Ile* lief im Nordatlantik nach New York, während die 42 500 BRT große *L'Atlantique* für den Südamerikaverkehr zwi-

Das traurige Ende der *Lusitania* war der dritte Verlust eines großen Passagierdampfers, der England in nur drei Jahren traf. Natürlich wurde nicht zugegeben, daß das Schiff Rüstungsgüter und Munition an Bord hatte. So kam es, daß sich in den USA die öffentliche Meinung nach dem Angriff auf ein vorgeblich »ziviles« Schiff England zuneigte und schließlich den Eintritt der Vereinigten Staaten in den Krieg gegen Deutschland befürwortete.

Die *Morro Castle* galt als eines der sichersten Schiffe überhaupt, aber sie brannte völlig aus. Neuere Untersuchungen deuten auf Brandstiftung hin, zumal seitdem entdeckt wurde, daß sie möglicherweise Munition für den Bürgerkrieg auf Kuba transportierte. Das Bild unten zeigt den zerstörten Dampfer, der an den Strand von Asbury Park im Staat New Jersey getrieben wurde. Im Hintergrund links das alte Monterey Hotel.

schen Bordeaux und Rio bzw. Buenos Aires bestimmt war, das größte Schiff übrigens auf der Südatlantikroute. Leider wurde sie nur zwei Jahre alt – am 5. 1. 1933 brannte sie im Ärmelkanal völlig aus.

Zum Glück war sie nicht belegt; selbst die Besatzung war erheblich reduziert. Es handelte sich nämlich um eine Überführungsfahrt von Bordeaux nach Le Havre, wo sie ins Trockendock gehen sollte, als plötzlich das Feuer ausbrach. Es nahm seinen Ausgang in einer 1.-Klasse-Kabine, breitete sich rasend schnell aus (vor allem durch die Versorgungskanäle der Elektroanlage) und erfaßte bald das ganze 223 Meter lange Schiff vom Bug bis zum Heck. Sie mußte aufgegeben werden, und es dauerte mehrere Tage, bis das ausgeglühte, schräg liegende Wrack wieder betreten werden konnte. Die Gutachter konstatierten einen Totalverlust, eine Instandsetzung wäre völlig unrentabel gewesen. Trotzdem lag sie noch drei Jahre lang in Cherbourg, als finstere Ruine, hauptsächlich im Interesse der Versicherer, die um die Schadensanteile stritten. Die Reederei Compagnie Sud-Atlantique erhielt schließlich 6,8 Millionen Dollar. Die schwimmfähigen Überbleibsel wurden zum Verschrotten verkauft und nach Glasgow geschleppt. Dort wurde die Schiffsleiche direkt hinter der zum Auslaufen fertigen, strahlenden neuen *Queen Mary* festgemacht.

Eine der geheimnisvollsten Schiffstragödien spielte sich an Bord eines der sichersten Passagierschiffe, der amerikanischen *Morro Castle* (11 500 BRT), am 8. 9. 1934 ab. Sie lief aus Richtung Havanna nordwärts Richtung New York, als auf dem Kreuzfahrtschiff vor der Küste von New Jersey Feuer ausbrach. Seltsamerweise und trotz der ausgeklügelten Warnsysteme konnten die Feuer (es waren mehrere) einige Zeit schwelen, bevor sie entdeckt wurden. Danach gab es eine ganze Reihe unerklärlicher Komplikationen: Der erste Feueralarm wurde erst eine Viertelstunde später gegeben; da hatten sich die Flammen schon über das ganze Schiff ausgebreitet.

Die *Morro* lief mit unverminderter Geschwindigkeit; so fachte der Fahrtwind das Feuer weiter an. SOS-Rufe wurden erst gesendet, als der 159 Meter lange Dampfer bereits wie eine Fackel brannte; Schiffe in der Nähe hatten das Feuer schon entdeckt und gemeldet. Mittlerweile herrschte totales Chaos an Bord unter den 555 Passagieren und Mannschaften. Nur sechs Rettungsboote konnten zu Wasser gelassen werden, darin befanden sich überwiegend Besatzungsmitglieder. Als die Retter endlich nahten, war es für viele zu spät – 133 Menschen starben. Ein Abschleppversuch scheiterte, weil die Trossen rissen. Noch immer brennend, trieb das Schiff auf den Strand von Asbury Park zu. Dort beobachteten Tausende, die teilweise von weit her gekommen waren, das makabre Schauspiel. Das irreparable Wrack wurde später abgeschleppt und verschrottet.

*Die 19 000-BRT-*Bermuda *hatte ebenfalls viel Pech. Das Schiff, im Besitz der englischen Furness Bermuda Line, wurde im Juni 1931 durch Feuer in Hamilton auf den Bermudas schwer beschädigt. Da man glaubte, daß sich die Reparatur lohnen würde, schleppte man sie über den Atlantik nach Belfast zur Werft; dort jedoch brach wieder ein Brand aus, der die »Bermuda« nun gänzlich vernichtete. Doch damit war die Unglücksserie noch nicht beendet: Das Wrack sollte nach dem Verkauf an eine Schrottfirma nach Schottland geschleppt werden. Auf dem Weg dorthin lief es auf Grund...*

Durch Feuer endete auch der prächtigste aller Super-Liner, die *Normandie*. Als im September 1939 der Krieg in Europa ausbrach, wurde sie in New York am Pier 88 festgemacht. Sie sollte nie wieder in See gehen. Wie die anderen Riesenschiffe, die englischen *Queens*, sollte sie zu einem Truppentransporter umgebaut werden; zu diesem Zweck wurde sie von der US-Regierung im Dezember 1941 beschlagnahmt. Ihr neuer Name war *U.S.S. Lafayette*. Die Umbauarbeiten waren bereits in vollem Gange und wurden mit größter Eile ausgeführt, als am 9. Februar des folgenden Jahres Feuer ausbrach. Funken eines Acetylen-Schweißgerätes waren auf Schwimmwesten aus Kapok gefallen und hatten das Feuer ausgelöst. Alle Mann mußten sofort von Bord. Die 83 400-BRT-*Normandie* brannte total aus. Riesige orangebraune Qualmwolken verdunkelten den Himmel über Manhattan.

In dem fürchterlichen Durcheinander kam es zu schlimmen Fehlentscheidungen. Übereif-

Die Paris war im Hafen von Le Havre mit allerlei Schätzen aus Frankreich beladen, die auf der New Yorker Weltausstellung gezeigt werden sollten. Da brach ein Brand aus, dessen Wolken die ganze Stadt verdunkelten. Durch das viele Löschwasser kenterte das Schiff.

rige Feuerwehrleute pumpten unkontrolliert viele Tonnen Wasser in das brennende 308 Meter lange Schiff, das dadurch aus dem Gleichgewicht geriet. Am nächsten Morgen kippte die *Normandie* einfach um und lag wie ein gestrandeter Wal am Ende der 48. Straße West, sozusagen in New Yorks Hinterhof. Ihre Bergung warf ungeheure Probleme auf. Alle Aufbauten, Masten, Schornsteine und die Decks mußten abgebaut werden, während gleichzeitig das Wasser aus dem Rumpf gepumpt wurde. Es dauerte 15 Monate, sie wieder aufzurichten und kostete nicht weniger als fünf Millionen Dollar. Das Unglück hatte aber auch einen versöhnlichen Aspekt: Die *Normandie* diente während des Krieges als Marinetauchschule.

Die traurigen Überreste der *Normandie* rosteten einige Jahre still vor sich hin. Ab und zu tauchte ein Gerücht auf: Sie solle als Flugzeugträger neu erstehen, oder man wolle aus ihr einen mittelgroßen Dampfer machen. 1945 wurde sie jedoch endgültig aufgegeben und ein Jahr später an einen Schrotthändler in New York verkauft. Ihre Überreste erbrachten gerade noch lächerliche 161 000 Dollar.

Zwei der schlimmsten, aber weitgehend unbekannten Tragödien auf See stehen für mehr als zehntausend Tote. Beide betrafen ehemalige bekannte deutsche Passagierschiffe. Die *Wilhelm Gustloff* (25 000 BRT) wurde von den NS-Behörden 1938 als Kreuzfahrtschiff für Angehörige der Deutschen Arbeitsfront und deren Familien in Dienst genommen. Die meisten Fahrgäste waren einfache Arbeiter und Angestellte. Während der enorm billigen Kreuzfahrten gab es auch politischen Schulungsunterricht. Doch kaum hatte sie ihren Dienst begonnen, wurde sie im September 1939 zum Kriegsdienst eingezogen, zuerst als Lazarettschiff, später als schwimmende Truppenunterkunft. Kurz vor Ende des »Dritten Reiches« wurde sie zur Evakuierung der Ostpro-

Ein ähnliches mitleiderregendes Schicksal traf die *Normandie*: Im Februar 1942 fing sie Feuer an ihrem Liegeplatz im Hafen von New York. Auch hier war die Feuerwehr übereifrig und pumpte so viel Wasser in das Schiff, daß es kenterte. Um es aufzurichten, mußte es ausgepumpt und teilweise zerlegt werden. Am Ende wurde es in New York verschrottet.

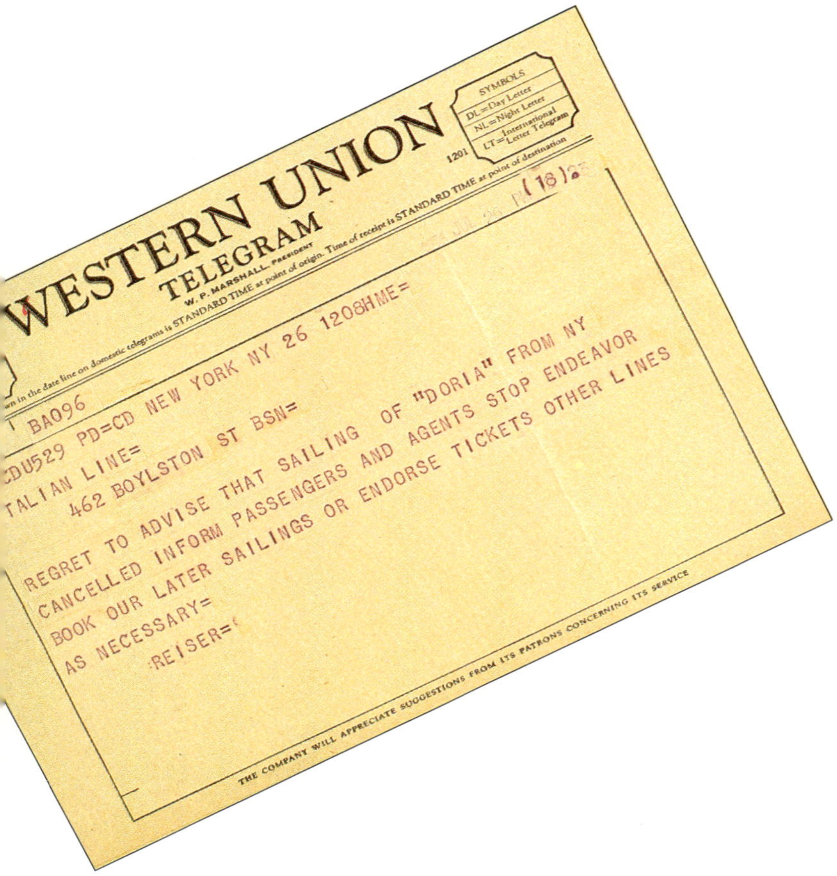
WESTERN UNION
TELEGRAM
W. P. MARSHALL, PRESIDENT
SYMBOLS
DL=Day Letter
NL=Night Letter
LT=International Letter Telegram
1201
BA096
CDU529 PD=CD NEW YORK NY 26 1208HME=
ITALIAN LINE=
462 BOYLSTON ST BSN=
REGRET TO ADVISE THAT SAILING OF "DORIA" FROM NY
CANCELLED INFORM PASSENGERS AND AGENTS STOP ENDEAVOR
BOOK OUR LATER SAILINGS OR ENDORSE TICKETS OTHER LINES
AS NECESSARY=
REISER=
THE COMPANY WILL APPRECIATE SUGGESTIONS FROM ITS PATRONS CONCERNING ITS SERVICE

vinzen vor den Sowjettruppen eingesetzt. Sie war, mit etwa 6 100 Menschen restlos überladen, auf dem Weg zu einem westlichen Hafen, als sie von einem sowjetischen U-Boot angegriffen und von drei Torpedos getroffen wurde. Sie kenterte fast sofort; nur 904 Personen wurden gerettet. Über 5 200 aber, Soldaten, Gefangene, Flüchtlinge, Sanitätspersonal und Mannschaften, kamen ums Leben. Nach anderen Berichten sollen es sogar etwa 5 400 gewesen sein; genaue Aufzeichnungen gab es unter den damaligen Umständen natürlich nicht. Jedenfalls war dies das Unglück mit den höchsten Verlusten an Menschenleben.

Auch die *Cap Arcona* ging in der schlimmen Endzeit des Krieges mit fürchterlichen Folgen verloren. Mit 27 600 BRT war sie das Flaggschiff der Hamburg-Süd-Reederei gewesen, Deutschlands größte Repräsentantin im Südamerikadienst. Während des Krieges als Wohnschiff verwendet, kam auch sie Anfang 1945 bei der Räumung Ostdeutschlands zum Einsatz. Nach einigen erfolgreichen Fahrten, die Tausenden das Leben rettete, wurde sie wenige Tage vor Kriegsende, am 3. Mai 1945, in der Neustädter Bucht von britischen Flugzeugen bombardiert. Sofort brachen Brände aus; das Schiff kenterte bald. Angeblich wußten die Bomberpiloten nicht, daß über 6 000 Menschen an Bord waren. Was sie sicher nicht wußten: Unter den mehr als 5 000 Opfern waren viele KZ-Häftlinge, also Gegner des NS-Regimes . . .

Das bemerkenswerteste Schiffsunglück nach dem Zweiten Weltkrieg betraf das Flaggschiff der wiedererstandenen italienischen Handelsflotte, die 201 Meter lange *Andrea Doria*. Die

Die *Andrea Doria* war der Vorreiter von Italiens Drang zur Weltgeltung auf See nach dem Zweiten Weltkrieg. Nur drei Jahre alt, ging sie im Juli 1956 verloren; ein entsetzlicher Schlag. Die schwedische *Stockholm*, die sie rammte und »versenkte«, wurde in Italien als »der Verbrecher« bezeichnet. Noch 25 Jahre später wurde die längst unter einer anderen Flagge fahrende ehemalige *Stockholm* bei einem Besuch in Genua von der Lokalpresse »Todesschiff« genannt. – Per Telegramm (Bild oben) wird indirekt der Verlust der *Andrea Doria* bestätigt und den Reisenden die Umbuchung auf andere Linien empfohlen.

Havarie war die folgenschwerste zwischen zwei Passagierdampfern auf der dicht befahrenen Nordatlantikroute. Die von New York kommende, viel kleinere (12 600 BRT) schwedische *Stockholm* rammte die 29 000 BRT große Italienerin in den von Nebelschwaden bedeckten Gewässern vor Nantucket und traf sie direkt unterhalb der Brücke. Die *Doria* sollte damals eines der sichersten Schiffe sein (sogar das Wort »unsinkbar« kam schon wieder in Umlauf), aber sie war hoffnungslos verloren und sank am frühen Morgen des 26. Juli 1956. Ohne ihren Vordersteven schlich die *Stockholm* nach New York zurück und dann in die Reparaturwerft. 52 Menschen verloren ihr Leben.

Bei der folgenden Unfalluntersuchung, die unter strengster Geheimhaltung stattfand, gab es kein Ergebnis. Die Schadenshöhe belief sich auf 48 Millionen Dollar. Die Schweden wiesen jede Schuld von sich, und die Italiener fühlten sich beleidigt.

In dem auf der Seite liegenden Wrack der *Andrea Doria* siedelte sich bald allerlei Seegetier an, umgeben von Knäueln losgerissener Fischernetze. Und dann gingen Spekulationen über Bergungsmöglichkeiten los. Viele kuriose Vorschläge wurden gemacht, z. B. sie an schweren Ketten hochzuziehen oder gar, sie mit Tischtennisbällen zu füllen und so zum Aufschwimmen zu bringen. Ein besonders verrückter Unternehmer wollte sie heben, nach New York schleppen und dann aus ihren Resten Manschettenknöpfe und Krawattennadeln als Andenken herstellen. Aber all diese Ideen waren nicht realisierbar, und so liegt die *Andrea Doria* auch weiterhin auf dem Meeresgrund, eine Heimstätte für das Leben unter Wasser.

In besseren Tagen der 20er und 30er Jahre war die *Cap Arcona* Deutschlands Aushängeschild auf der Südamerikaroute. Sie war ein schönes, schnelles und natürlich bestens ausgestattetes Schiff. Aber sie nahm ein besonders trauriges Ende: Kurz vor Ende des Zweiten Weltkrieges wurde sie durch einen Luftangriff versenkt und nahm über 5 000 Menschen mit in die Tiefe, darunter viele KZ-Häftlinge.

S.S. LURLINE
HONOLULU

Kreuzfahrten: Reisen in die Sonne

Kreuzfahrten sind eine gänzlich andere Art von Reisen als die bisher in diesem Buch beschriebenen. Eine Kreuzfahrt hat mehr von einem reinen Erholungsurlaub an sich. Sie hat keinen festen Zielort; wenn Häfen angelaufen werden, dann zum Vergnügen und zugunsten der täglichen Abwechslung. Die alten Transatlantikdampfer transportierten ihre Passagiere, ob nun umgeben vom Luxus der 1. Klasse oder im Dschungel des Zwischendecks, von einem Ort zum anderen. Ihr Hauptzweck war es, Menschen zu befördern. Heutzutage ist die Kreuzfahrt der wichtigste, wenn nicht einzige Zweck des Geschäftes mit den Ozeanriesen. Sogar die *Queen Elizabeth 2*, die als letzter Liner noch Linienverkehr anbietet, wird mehr als Kreuzfahrtschiff und kaum wie ein traditionelles, in Klassen eingeteiltes Routenschiff betrieben. Den Passagiertransport von Punkt A nach Punkt B haben heute fast ausschließlich die Luftverkehrsgesellschaften übernommen.

Die allererste Kreuzfahrtreise soll im Jahre 1857 angeboten worden sein. Es handelte

Die ersten reinen Kreuzfahrtschiffe wurden erst nach dem Zweiten Weltkrieg in Dienst gestellt. In den fünfziger Jahren begannen Vergnügungsreisen in warme, sonnige Länder immer populärer und vor allem erschwinglicher zu werden.

Die Hamburg-Amerika Linie gehörte zu den ersten Schiffahrtsgesellschaften, die Mannequins auf Fahrgastfotos in der Werbung einsetzte, um das Ambiente der Ozeanriesen zu dokumentieren. – Auf dem Bild S. 107 erkennt man sowohl Passagiere wie auch Besatzungsmitglieder. Die Glitzerwelt des Bordlebens springt einem förmlich entgegen.

sich dabei um eine Art Bildungsreise in nach damaligen Begriffen entlegene Mittelmeerbereiche zu geschichtlichen Altertümern. Das Schiff, die *Ceylon*, gehörte der berühmten englischen P&O-Linie. Das ganze war noch recht primitiv; klimatisierte Kabinen waren ebenso unbekannt wie Sonnendecks mit ovalen Schwimmbecken oder Fünf-Sterne-Reisebusse, die die Reisenden heute zu den Tempeln und Ruinenstädten der Region bringen. Die Passagiere der *Ceylon* waren vielmehr echte Abenteurer, von Entdeckergeist beseelt und natürlich gut betucht. – Noch früher, 1835, erschien in einer Edinburgher Zeitung eine an »Touristen« gerichtete Annonce, die eine »Kreuzfahrt« zu den hinter dem Mond, nämlich zwischen Schottland und Island liegenden Färöer-Inseln ankündigte. Diese Reise fand niemals statt – die Menschen waren doch nicht lebensmüde!

Nach dem ersten Versuch mit der *Ceylon* blieben Kreuzfahrten noch eher selten. Das waren schon abenteuerliche Unternehmungen, die für unternehmungslustige oder, wie sie in einer Werbeanzeige angesprochen wurden, »bildungs- und wissenschaftsbeflissene« Reisende in Frage kamen. Aber als sich das Viktorianische Zeitalter dem Ende zuneigte, um 1890, wuchs die Zahl derer, die Zeit und Geld genug für solche »Erholungs- und Vergnügungsreisen« hatten. Die deutsche Hamburg-Amerika Linie, die schon zu den größten Reedereien der Welt zu rechnen war, legte besonderen Wert darauf, dieses Marktsegment zu pflegen und ließ einige ihrer kleineren Dampfer nach den Westindischen Inseln, in den Mittelmeerraum, nach Skandinavien und gelegentlich so exotische Regionen wie Ägypten, Spitzbergen oder Westafrika laufen. Kurioserweise rechnete man das östliche Mittelmeer damals noch zum Orient. Die in England weit bekannte Orient-Linie, welche den Linienverkehr mit Passagierdampfern nach Australien betrieb, begann Urlaubsreisen anzubieten, unter anderem auch ins Mittelmeer und nach Skandinavien.

Die Hamburg-Amerika Linie wiederum war es, die in weiser Voraussicht und mit viel Mut das erste wirkliche Kreuzfahrtschiff der Welt baute (1900), die *Prinzessin Viktoria Luise*. Sie war zwar bei einer Länge von 122 Metern nur 4 400 BRT groß, doch das war eine bewußte Entscheidung: Sie sollte den Yachten der europäischen Herrscher ähneln und damit entsprechende Kundschaft anziehen. Als Passagiere kamen nur sehr reiche Leute in Frage, die genug Freizeit für solche Reisen hatten und erstklassigen Service erwarteten. Seine Majestät, Kaiser Wilhelm II., geruhten das Schiff zu besichtigen und waren gar nicht begeistert, festzustellen, daß es größer war als die Kaiserliche Yacht *Hohenzollern*. Aber die Erbauer waren weise genug gewesen, eine spezielle Suite für regierende Herrschaften einzubauen und die *Prinzessin*

Das erste speziell für Kreuzfahrten gebaute Schiff war die *Prinzessin Viktoria Luise* der Hamburg-Amerika Linie. Sie war von vornherein als Luxusdampfer konzipiert und hatte Maß genommen an den Yachten der damaligen Potentaten. In ihrer aufwendigen Ausstattung erinnerte sie an die 1.-Klasse-Appartements der großen atlantischen Ozeanriesen.

dem Kaiser mit größtem Vergnügen zur Verfügung zu stellen, der damit besänftigt werden konnte. Daneben gab es weitere 119 Kabinen an Bord, die etwa 400 Personen Platz boten. Als erstes Schiff überhaupt verfügte sie nur über Unterkünfte, die aus je einem Schlafraum, einem Ankleidezimmer und einem voll eingerichteten Bad bestanden. Leider war diesem hübschen Kreuzfahrer kein langes Leben beschieden: 1906, nur sechs Jahre später, lief die *Prinzessin Viktoria Luise* während einer Karibikreise vor Jamaica auf ein Riff und mußte aufgegeben werden.

Trotzdem gab die Hamburg-Amerika Linie ihre Kreuzfahrten nicht auf, im Gegenteil: Sogar Mitglieder der Kaiserlichen Familie gehörten zu ihren Passagieren. Die Idee schien Zukunft zu haben, und das Angebot an Vergnügungsreisen wurde immer größer. 1909 wurden in den USA zwei Schwesterschiffe gebaut, die *Cleveland* und die *Cincinnati*. Ihre Besonderheit war, daß sie nicht nur für den nach Klassen unterteilten Nordatlantikverkehr, sondern auch für Kreuzfahrten eingerichtet waren. Ab Januar 1910 wurden exklusive Weltumseglungen mit der *Cleveland* angeboten, die 110 Tage dauerten und sofort von etwa 650 Interessenten gebucht wurden. Schon nach kurzer Zeit machten beide Schiffe diese Reisen außerhalb der Saison. Die Preise lagen zwischen 6 600 Dollar für eine Suite mit getrenntem Schlafraum und Bad und 650 Dollar für eine kleine Kabine im F-Deck, die für »gentlemen only« vorgesehen waren.

Zur gleichen Zeit investierte die Hamburg-Amerika Linie weiter im Kreuzfahrtgeschäft. Mit ihrer 16 700 BRT großen *Deutschland*, die das Blaue Band erobert hatte, gab es ständig Schwierigkeiten, hauptsächlich im technischen Bereich. Daher entschied man sich 1910/11 für einen grundlegenden Umbau. Danach erstrahlte sie nicht nur in reinem Weiß; ihre Bettenzahl war von 2 050 für vier Klassen drastisch auf 487 gesenkt worden, alle nur noch 1. Klasse! Damit wurde sie zum größten und geräumigsten Kreuzfahrer ihrer Zeit. Daß sie auch noch umgetauft wurde in *Viktoria Luise*, kann als frühe Marketing-Idee gesehen werden, denn dieser Name rief Erinnerungen an die frühere, sehr beliebte Kreuzfahrtyacht *Prinzessin Viktoria Luise* wach. Dieses große Schiff mit seinen luxuriösen Salons und Suiten, einem Grill Room, großzügig ausgestatteter Turnhalle und einem aus Segeltuch auf dem Deck errichteten Schwimmbecken dampfte zu den Westindischen Inseln und den Häfen des Mittelmeeres wie in die norwegischen Fjorde. Gelegentlich kam sie wegen ihres hohen Standards auch als Gästeschiff für die deutsche Aristokratie bei Flottenmanövern oder der Kieler Woche zum Einsatz.

Die Inneneinrichtung der frühen Kreuzfahrtschiffe sollte die Passagiere an zu Hause erinnern. Auf dem unteren Bild ist eine Einzelkabine aus der Zeit um 1890 zu sehen.

Die Clyde Mallory Line bot in den 20er und 30er Jahren Fahrten entlang der amerikanischen Ostküste an. Zwei ihrer schönsten Schiffe, Shawnee *und* Iroquois, *liefen regelmäßig zwischen New York, Charleston und Jacksonville. In nördlicher Richtung ging es am Freitagabend in Jacksonville los; am Samstagmorgen wurde Charleston angelaufen, und am Montagmorgen war die Ankunft in New York. Solch ein langes Wochenende auf hoher See kostete nicht mehr als 37,50 Dollar.*

Nach dem Ersten Weltkrieg machten Kreuzfahrten bald weitere Fortschritte, allerdings hauptsächlich in bezug auf Dauer und Kosten der Reisen. Eine Massenbewegung war noch nicht daraus geworden. Selbst die größten Liniendampfer wie Cunards *Mauretania* und *Aquitania* suchten Arbeit abseits des kalten, düsteren und wilden Nordatlantik. Die Zahl der Trans-Ozean-Passagiere war rückläufig, und daher wurden diese Schiffe vorübergehend in ausschließlich Erster-Klasse-Hotels auf See umgestaltet und in die Karibik oder ins Mittelmeer geschickt. Die *Mauretania* war etwa sechs Wochen unterwegs und legte dabei auf Madeira, in Neapel und Villefranche an der französischen Riviera an. Ihre Fahrgäste erlebten dabei den absoluten Luxus auf See: 800 Besatzungsmitglieder waren um das Wohl von gerade 200 Millionären besorgt. Wenn die Preise gering erscheinen mögen, bei kaum 600 Dollar, so waren doch die Entgelte für Besatzungen so niedrig wie nie. Die wirtschaftliche Situation der Linienschiffahrt war weit schlechter.

Die erste Reise rund um die Welt, ausschließlich 1. Klasse und daher nur für reiche Leute erschwinglich, wurde 1922 von Cunard mit dem 20 000-BRT-Dampfer *Laconia* angeboten. Sie hatte durchschlagenden Erfolg, und schon bald folgten nicht nur andere Cunard-Schiffe, sondern auch renommierte Liner anderer Reedereien in ihrem Kielwasser. Die *Belgenland* (25 000 BRT) der White Star Line, ein angesehener Atlantikfahrer mit drei Schornsteinen und Platz für 2 500 Pas-

In Europa wuchs das Interesse an Kreuzfahrten mit dem Rückgang der Weltwirtschaftskrise in den 30er Jahren. Sehr beliebt waren Reisen nach Spanien und Portugal oder den Kanarischen Inseln, an die Küste Westafrikas oder in das Mittelmeer sowie nach Skandinavien. Viel Anklang fanden kurze, Zwei- bis Fünf-Tage-Trips in die großen Hafenstädte wie Amsterdam, Hamburg oder zu den Schottland vorgelagerten Inseln.

sagiere, schälte sich schnell als einer der Favoriten heraus. Ihre jährlich durchgeführten Reisen hatten bald Tradition, vor allem Ende der 20er Jahre. Eine Annonce für die Weltreise von 1925/26 liest sich wie folgt:

RUND UM DIE WELT MIT BELGENLAND

Größtes und schönstes Schiff unter den Weltumseglern. Sie werden die ihm eigenen Annehmlichkeiten genießen in einer Ihrer Persönlichkeit entsprechenden Atmosphäre. Die scheinbare Zeitlosigkeit der Tage auf See wird Ihnen genauso gefallen wie der sorgfältig ausgearbeitete Fahrplan, der mit der Sonne geht und Sie zu den jeweils günstigsten Jahreszeiten in 14 Länder führt.

*

Mit Vergnügen werden Sie sehen, was die weite Welt zu bieten hat an Schönheiten und Geheimnissen, an Kontrasten in Kultur und Zivilisation, denn jeder der vielen Landgänge ist liebevoll vorbereitet und erfolgt unter Leitung der American Express Company.

*

Die Reise erfolgt in westlicher Richtung. Abreise in New York am 25.11.; ab Los Angeles am 11.12.; ab San Francisco am 14.12. Rückkehr in New York am 6. 4. 1926. 132 Tage – 14 Länder – 60 Häfen. Teilnehmerzahl auf 475 Passagiere beschränkt.

Dem Fahrplan mangelt es wahrlich nicht an Höhepunkten: Havanna, Balboa, Panamakanal, Los Angeles, San Francisco, Hilo, Honolulu, Yokohama, Tokio, Nikko, Kamakura, Kobe, Nara, Kyoto, das Ostchinesische Meer, Schanghai, Hongkong, Macao, Manila, Batavia, Singapur, Diamond

Kofferaufkleber (S. 113) sind eine besondere Kunstform. Sie rufen Erinnerungen wach an fabelhafte Schiffe, romantische Häfen und die große weite Welt, aus der sie kommen. Solche Aufkleber sind heute kostbare Sammlerstücke.

DIE GROSSE AFRIKAKREUZFAHRT

Abfahrt New York am 19. Januar 1926 auf dem Schwimmenden Schloß *ORCA* nach Westindien: Trinidad. Weiter nach Südamerika: Rio, Santos, Montevideo, Buenos Aires. In Südafrika: Kapstadt, Port Elizabeth, Durban. Ostafrika: Delagoa Bay, Beira, Mosambik, Sansibar, Mombassa. In Ägypten: Port Sudan, der Nil, Kairo, Alexandria. Mittelmeer und Europa: Neapel, Riviera, Gibraltar und schließlich Southampton.

*

Afrika lockt! Drei Wochen im herrlichen Südafrika und an der wundervollen Küste Ostafrikas. Aber zuerst, nach den Westindischen Inseln, zu den traumhaften Städten Südamerikas und dann quer über den Südatlantik.

*

Nach Afrika einschließlich Ägypten ausgesuchte Häfen in Europa. Prachtvolle Landausflüge in allen angelaufenen Ländern. Zusätzlich auf Wunsch Besuche der Viktoriafälle, von Khartoum, Luxor, dem Heiligen Land und anderen Sehenswürdigkeiten.

*

Auf diese Kreuzfahrt haben Sie gewartet: 22 500 Meilen – 20 Häfen – 100 unvergeßliche Tage! Preise (alle Besichtigungen eingeschlossen) ab 1 250 Dollar. »The Comfort Route« – The Royal Mail Steam Packet Company.

Harbor, Kalkutta, Kandy, Colombo, Bombay, Port Sudan, Port Tewfik, Kairo, Alexandria, Neapel, Monaco und Gibraltar.

Natürlich gab es auch andere Weitstreckenreisen, wie z. B. die Große Afrikakreuzfahrt von 1926. Weltreisen waren aber immer noch das Symbol für luxuriöse Kreuzfahrten. Es gab Passagiere, die jedes Jahr mitfuhren, manche mit eigener Dienerschaft. Und andere verlangten aus einer gewissen kauzigen Anhänglichkeit immer die gleiche Kabine. Viele sahen in »ihrem« Schiff eine Art ländlichen Club. Die Führungsrolle der *Belgenland* ging später auf die Cunard-Liner *Carinthia* und *Franconia* über und vielleicht noch ausgeprägter auf die prachtvolle *Empress of Britain*, mit ihren 42 000 BRT das größte jemals für den Verkehr nach Kanada bestimmte Schiff. Für den Kreuzfahrtdienst wurde die Zahl der Passagiere auf die Hälfte, nämlich nur noch 700, reduziert. Natürlich waren Service, Platzangebot und allgemeiner Komfort über jeden

LOS ANGELES STEAMSHIP CO.
L A
M
Str.
Stateroom
HONOLULU
SWEDISH AMERICAN LINE
FIRST CLASS
NAME OF PASSENGER
SHIP
SAILING DATE
ROOM NO.
PORT OF DEBARKATION
STREET ADDRESS ABROAD
CITY, POST OFFICE, COUNTRY
DELIVER TO BAGGAGE MASTER • SWEDISH AMERICAN LINE
PIER 97, NORTH RIVER, FOOT WEST 57 ST., NEW YORK
MESSAGERIES MARITIMES
NOM
PAQUEBOT
DATE DE DÉPART
DESTINATION
CALE
SANS ACCÈS PENDANT LE VOYAGE
NIPPON YUSEN KAISHA
Destination
M
Cabin No
Berth
SS
PRINTED IN JAPAN
NOT WANTED
DOLLAR
STEAMSHIP LINES
STATE ROOM
BAGGAGE ROOM
M
S. S. PRESIDENT
PIER
CABIN
TO
HOLLAND
THE DIRECT GATEWAY TO EUROPE
HOLLAND-AMERICA LINE
NAME
STATE ROOM
STEAMER
SAILING
DESTINATION
WANTED OR NOT WANTED
CABIN CLASS
DELIVER TO BAGGAGE MASTER, Foot 5th St., HOBOKEN, N. J.
"ITALIA" NAVIGAZIONE
CRISTOFORO COLOMBO
" ITALIAN LINE "
CUNARD LINE to EUROPE
AQUITANIA
NAME
SHIP
SAILING
FROM
TO
CLASS
STATEROOM NUMBER OR HOLD
"LIBERTÉ"
Cie Gle TRANSATLANTIQUE French Line
PASSENGER'S NAME
SAILING
CABIN
FINAL DESTINATION
French Line
PIER 57 NORTH RIVER
PIER 90 NORTH RIVER
NEW YORK
CUNARD LINE CRUISES
SHIP
NAME
STATEROOM
PRINTED IN ENGLAND
CUNARD WHITE STAR
QUEEN MARY
TO EUROPE
CANADIAN PACIFIC
1
NAME
TO
S.S.
SAILING
ROOM No
FINAL DESTINATION
1
NOT WANTED

ROTTERDAMSCHE LLOYD
EGYPTE
CEYLON
SUMATRA
SINGAPORE
JAVA
HOOFD-AGENTEN: RUYS & Co
ROTTERDAM-'s-GRAVENHAGE-AMSTERDAM-ANTWERPEN-BRUSSEL-MARSEILLE.

Zweifel erhaben; sie hätten der komfortabelsten Yacht gut angestanden. Die *Empress* fuhr in jedem Winter einmal rund um den Globus. Für die Kreuzfahrt von 1936 sah das Programm wie folgt aus:

WERDEN SIE EINES MORGENS IN BALI WACH

Wie gefällt Ihnen das: Eines schönen Morgens im nächsten Winter erwachen Sie in Ihrem luxuriösen Appartement, das alles hat, was man für einen komfortablen Aufenthalt braucht... und dann gehen Sie einfach hinaus zum Strand dieser unglaublichen Insel Bali mit ihrer unverfälschten Natur?

*

Dann geht es weiter zu neuen Abenteuern und Überraschungen. Zwischen zwei Häfen spielen Sie Tennis auf einem Platz von normaler Größe, schwimmen in einem großen Pool. Kurz, Sie genießen alle Annehmlichkeiten, die nur ein Schiff wie die *Empress of Britain* bieten kann – der größte Dampfer, der je die Welt umkreiste.

*

Auf diese Weise fahren Sie zu den Städten des Mittelmeers, nach Ägypten und Indien; durch die Malakka-Straße nach Siam, Kambodscha und Java, weiter nach China und Japan und schließlich über Hawaii, durch den Panamakanal und an den Westindischen Inseln vorbei wieder nach Hause.

*

Start am 9. Januar in New York, Dauer: 130 Tage, 31 Häfen, Preise ab 2 150 Dollar, Suiten mit Bad ab 3 800 Dollar, Ausflugsprogramme jeweils eingeschlossen. – P.S.: Eine kürzere Reise von 95 Tagen führt die *Empress of Australia* durch. 23 Häfen in Afrika und Südamerika. Abreise von New York am 25. Januar, Preise ab 1 350 Dollar (Kabinen mit Bad ab 2 350 Dollar), Besichtigungsprogramme eingeschlossen.

Der »Rotterdamsche Lloyd« war eine holländische Linie, deren große, mit grauen Schornsteinen versehenen Dampfer hauptsächlich die von Europa aus ostwärts führenden Routen bedienten: durch das Mittelmeer zum Suezkanal, dann durchs Rote Meer, den Indischen Ozean bis nach Indonesien, damals holländische Kolonie. Die Kundschaft bestand hauptsächlich aus Kolonialbeamten, Tee- oder Gummipflanzern, Handlungsreisenden, Lehrern, Missionaren sowie Krankenschwestern und Kindermädchen.

Zur Massenbewegung wurde der Seetourismus tatsächlich während der durch die Depression bedrängten 30er Jahre. Von der Ostküste der USA gab es Kurzfahrten zu den Bermudas, nach Nassau und Havanna sowie nördlich nach Halifax und Boston. Am billigsten waren nächtliche »Fahrten ins Blaue«, Parties auf See. Dabei waren, der Prohibition zum Trotz, die Bars geöffnet – ein wichtiger Anziehungspunkt! Der Spaß fing bei zehn Dollar an und wurde selbst

Die *Queen of Bermuda* (S. 117, unten) war sehr beliebt und ausgesprochen populär. Zusammen mit dem Schwesterschiff *Monarch of Bermuda* lief sie wöchentlich von New York nach den Bermudas; die Rundreise kostete 50 Dollar. Weil sie jeweils am Samstagnachmittag in New York ausliefen, wurden sie gern von frisch verheirateten Paaren gebucht und trugen daher den Spitznamen »Flitterwochen-Dampfer«.

von so illustren Schiffen wie *Mauretania*, *Berengaria* und *Majestic* angeboten. Über diese »Schnapsfahrten« kamen viele Tausende, wenn man so will, zu längeren Seereisen; erst zu Kurzreisen von vier, fünf Tagen, dann aber auch zu längeren von zwei Wochen und mehr.

Unter der Flagge der englischen Furness Bermuda Line liefen damals zwei bemerkenswerte neue Schiffe von etwa 22 500 BRT, die *Monarch of Bermuda* und *Queen of Bermuda*. Komfortabel wie nur ein Nordatlantik-Luxusliner, mit Bad und Toilette in jeder Kabine, boten sie für ganze 50 Dollar Sechs-Tage-Reisen von New York zu den Bermudas. Bekannt wurden sie als »Millionärsschiffe«, Komfortdampfer mit niedrigen Fahrpreisen. Die Abreise in New York erfolgte jeweils am Samstagnachmittag; daher wurden sie gern von Jungvermählten in Anspruch genommen und bekamen deshalb noch einen anderen Spitznamen: »Flitterwochen-Dampfer«. In den nächsten Jahren wuchs die Zahl der Schiffe für Kurzreisen rasch an, zur Freude der rapide zunehmenden Interessenten aus mittleren Einkommensschichten. Weltreisen mit der *Empress of Britain* konnten sich nur Millionäre leisten; aber ein Fünf-Tage-Trip war nun auch für eine neue Generation von Angestellten, Sekretärinnen und Lehrern erschwinglich.

Heute bietet die blühende amerikanische Kreuzfahrtindustrie eine riesige Palette von Seereisen: Trips in die Tropen, glasklares Wasser und Mondschein inklusive; Touren zu berühmten oder völlig unbekannten Häfen; das alles auf großen oder kleinen, intimen Schiffen. Es gibt etwas für jeden Geschmack – und für jeden Geldbeutel. Es irrt aber, wer meint, dieses weit gefächerte Angebot sei eine Erscheinung der Neuzeit: Schon 1938/39, als die Weltwirtschaftskrise noch nachwirkte und die Welt schon auf den Zweiten Weltkrieg zutaumelte, gab es eine Menge Kreuzfahrtangebote. Damals war Miami bereits sozusagen die Hauptstadt der Vergnügungsreisen geworden; aber es gab auch von New York, dem früheren Zentrum, ausgehende Touren, z.B. einen viertägigen Weihnachtsausflug für 43 Dollar nach den Bermudas an Bord eines der komfortabelsten Luxusliners aller Zeiten, eben der schon oft erwähnten *Empress of Britain* der Canadian Pacific Reederei. Als Alternative im Bereich der Kurzreisen gab es für 75 Dollar einen Trip nach Havanna, der sechs Tage dauerte und von der United States Line mit ihrem Dampfer *Manhattan* veranstaltet wurde. Für acht Tage auf der *Transsylvania* der Anchor Line nach Nassau

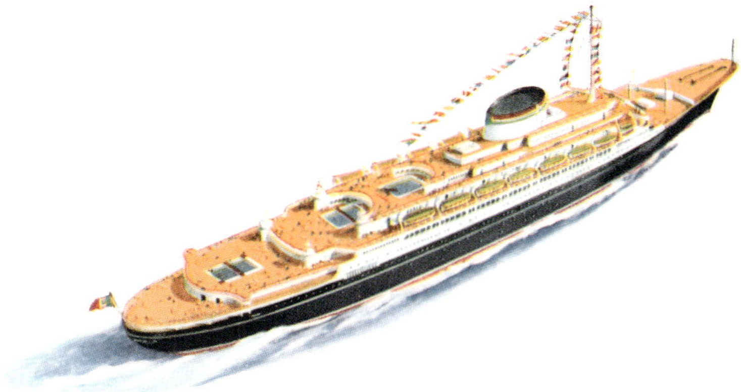

Selbst die renommiertesten Nordatlantikliner mußten in den wirtschaftlich schwierigen 30er Jahren »auf Kreuzfahrt gehen«. Die Weltwirtschaftskrise hatte den Überseeverkehr so dezimiert, daß billige Kreuzfahrten ab New York, Southampton oder Liverpool die beste Lösung zur Auslastung der Schiffe waren. Legendäre Luxusschiffe wie die Berengaria *machten Kurzreisen: nach den Bermudas und sogar »Fahrten ins Blaue«. Dabei fuhren sie abends über die Drei-Meilen-Zone hinaus, um die Prohibition zu umgehen; »Schnapsfahrten« nannte man so etwas.*

Cie DE NAVIGATION SUD-ATLANTIQUE
BORDEAUX
VIGO
LISBONNE
OCÉAN ATLANTIQUE
AFRIQUE
AMÉRIQUE DU SUD
RIO DE JANEIRO
SANTOS
MONTEVIDEO
BUENOS AIRES
PAQUEBOT L'ATLANTIQUE

Zu den berühmtesten Kreuzfahrten gehörten die beiden Reisen der *Normandie* nach Rio 1938 und 1939. Das Timing war optimal: Der Zielpunkt selbst, der Aufenthalt dort während des weltberühmten Karnevals und schließlich das Superschiff – eine einmalige Kombination! Vielen Kennern galt die *Normandie* als schönstes Schiff jener Zeit.

und Havanna zahlte man 80 Dollar, elf Tage Karibik auf der französischen *Champlain* kosteten 140 Dollar und 14 Tage auf Schwedens *Kungsholm* ab 182,50 Dollar.

Aber auch lange Reisen standen immer noch hoch im Kurs. Zwischen Dezember 1938 und März 1939 gab es 15 Abfahrten zu Reisen von mindestens 24 Tagen Dauer. Drei führten nach Südamerika, das märchenhafte Rio natürlich eingeschlossen. Von diesen wiederum wurden zwei auf den Traumschiffen, die das Zeitalter des Art déco repräsentierten, durchgeführt: Frankreichs makellose *Normandie* (24 Tage, ab 435 Dollar) und Hollands brandneue *Nieuw Amsterdam* (25 Tage, 360 Dollar). Weitere drei Trips dauerten noch länger und führten um ganz Südamerika herum. Die *Bremen* des Norddeutschen Lloyd als einer der größten und schnellsten Atlantikliner brauchte dafür 40 Tage bei Preisen ab 725 Dollar. Reisen um die Welt waren aber wie stets das Höchste. Hier starteten drei Reisen mit zwei Wochen Abstand im Januar 1939 ab New York: Die *Franconia* der Cunard (147 Tage, 1 900 Dollar), die *Empress of Britain* (128 Tage, 2 300 Dollar) und die norwegische Kreuzyacht *Stella Polaris* benötigte bei einem Fahrpreis von lediglich 1 250 Dollar für ihre Erdumkreisung 111 Tage. Aus heutiger Sicht erscheint das unglaublich: Mit einem Traumschiff wie der *Normandie* nach Rio – für ganze 18 Dollar pro Tag! Alle Mann an Bord!

SCHIFFE VON HEUTE UND MORGEN

Die Cunard Line nahm 1948, drei Jahre nach Kriegsende, ihre berühmte *Caronia* in Dienst – der erste große Dampfer nach dem Krieg, der ausschließlich für den Einsatz als Kreuzfahrer konzipiert war. Damit begann die Ära größerer, komfortablerer und kostengünstigerer Schiffe. Sie stand in der Nachfolge jener »halben« Kreuzfahrer, die früher im Winter die sagenhaften Reisen rund um die Welt, rund um Afrika und durchs gesamte Mittelmeer durchgeführt hatten. Mit 34 000 BRT und einer Länge von 214 Metern war sie schon ein ansehnliches Schiff, durchaus vergleichbar mit den größten Einheiten anderer Nationen (man denke an die *America*, mit 33 500 BRT das Flaggschiff der US-Handelsflotte). Die rund 600 Passagiere wurden von einer etwa gleich großen Mannschaft betreut. Im Inneren entsprach die *Caronia* mit einer durch tiefe Sessel und Kissen bestimmten Atmosphäre den Vorstellungen von englischen Clubs, wie sie typisch für britische und speziell Cunard-Dampfer waren. Die Reederei war aber der Meinung, die *Caronia* müsse sich deutlich von allen Kon-

Die *Fair Princess* fährt mit ihren Passagieren ebenso in die Karibik wie in die Fjorde Alaskas.

kurrentinnen unterscheiden, und so erhielt sie überraschend einen Anstrich in vier verschiedenen Grüntönen. Die Idee war gut: Im Handumdrehen hatte die *Caronia* ihren Spitznamen weg: »Die grüne Göttin«. Alles an ihr war in höchstem Maße luxuriös, von der Speisekarte über das handverlesene Personal bis zu den Badezimmern, die zu jeder Kabine gehörten.

Die *Caronia* war so etwas wie ein schwimmendes Clubhaus. Es gab Passagiere, die mehrere Jahre lang an Bord blieben; andere machten mehrere Reisen hintereinander. Ihr Fahrplan hatte ein festes Schema: Im Januar startete sie in New York zu einer dreimonatigen Tour rund um den Globus (oder rund um Afrika oder den Pazifik). Dann ging es für acht Wochen ins Mittelmeer. Der Hochsommer führte sie sechs Wochen lang nach Skandinavien; danach folgten noch zwei herbstliche Monate im Mittelmeer, bevor sie ins Trockendock ging – und dann den gleichen Turnus von vorn begann. Ein Jahrzehnt lang war sie die Königin der Kreuzfahrt, an ihrem Standard mußten sich alle anderen messen lassen. Das Zeitalter der speziellen Kreuzfahrer war angebrochen; das der riesigen, nach Klassen unterteilten Transatlantikdampfer ging zu Ende. Am Himmel zog der unschlagbare Jet seine Bahn, und selbst die verdienstvolle *Queen Mary* mußte in einem letzten Aufbäumen Kurztrips in die Karibik machen – fünf Tage für 125 Dollar (1963). Aber die *Queens*, die *United States* und selbst die *Caronia* waren eben nicht mehr zeitgemäß. Eine neue, modernere, Generation von Vergnügungsdampfern entstand schon auf den Reißbrettern. Es begann das Zeitalter der »Hochzeitskuchen-Schiffe«: puderzuckerweiß, hoch und immer höher, stromlinienförmig. Mit den klassischen Dampfern haben sie nichts mehr gemein. Auch die Schornsteine sind nicht mehr wie früher: Einige beherbergen Cocktailbars, andere sehen aus wie der Schwanz eines Flugzeuges, und manchmal fehlen sie ganz.

An Bord der *Caronia*, die als erster Ozeanriese nur für Kreuzfahrten gebaut war, herrschte die gediegene Atmosphäre eines ländlichen Clubs. Es gab Passagiere, die jedes Jahr mit ihr reisten. Andere machten mehrere Fahrten hintereinander; es gab sogar einige, die mehrere Jahre in Folge an Bord waren. Den absoluten Rekord jedoch hielt eine Dame, die vierzehn Jahre lang mit der *Caronia* fuhr!

Dreh- und Angelpunkt im Bau moderner Ozeanriesen war die 1965 in Italien gebaute *Oceanic*, ein Schiff von 39 200 BRT, das der in Panama ansässigen schweizerischen Home Line gehörte. Ursprünglich zweiklassig für den Linienverkehr auf dem Nordatlantik nach Kanada geplant, änderten die Eigner kurz nach dem Stapellauf ihre Pläne und entschieden, daß dieses große und luxuriöse Schiff als Ganzjahres-Kreuzfahrer ab New York verwendet werden sollte. Noch nie hatte es ein Kreuzfahrtschiff von dieser Größe (bis zu 1 600 Betten) gegeben. Bis dahin waren die meisten ganzjährig ab New York eingesetzten Kreuzfahrer Vorkriegsschiffe gewesen: die *Nassau* etwa, ein ehemaliger P&O-Liner der frühen 20er Jahre und die ebenfalls der Home Line gehörende *Italia* oder die schwedische *Kungsholm* von 1928. – Die Reisen der *Oceanic*, bei 170 Dollar beginnend, waren ein dauerhafter Erfolg. Immer mehr Schiffe machten nur noch Kreuzfahrten. Cunard nahm 1967 die *Franconia* aus dem Dienst nach

Die *Oceanic* (oben) setzte in den 60er Jahren die Maßstäbe im Kreuzfahrtgeschäft. Um Decksfläche zu gewinnen, war ihr Schornstein weit nach hinten gerückt. Die beiden zentralen Swimmingpools hatten ein Glasschiebedach. – Eines der größten vom zweiklassigen Liniendampfer zum Kreuzfahrer umgebauten Schiffe war die *Rotterdam* (Bilder S. 125). Unter den von ihr jetzt besuchten Häfen finden sich so exotische Namen wie Glacier Bay in Alaska, Curacao oder Nassau.

Montreal und setzte sie nur noch für wöchentliche Fahrten zwischen New York und den Bermudas ein. 1969 wurde die *Rotterdam* aus dem Transatlantikverkehr gezogen und in einen 1.-Klasse-Kreuzfahrer umgewandelt. Nach dem Debüt der *Oceanic* in New York trat 1966 ein erheblich kleineres Schiff auf den Plan, die norwegische *Sunward*. Sie war der erste Luxus-Kreuzfahrer, der seinen Ausgangspunkt nicht in New York, sondern in Miami hatte, ein Hafen, den bis dahin nur ein paar veraltete, gut besetzte Passagierdampfer angelaufen hatten. Die *Sunward* mit ihren 11 000 BRT war für Vergnügungsfahrten zwischen England und Spanien gebaut worden, hatte jedoch von Anfang an wirtschaftliche Probleme. Deshalb sah sich die Reederei in Oslo nach einem anderen Einsatzgebiet um und entdeckte dieses in ganzjährigem Floridaverkehr. Bisher war dort eine alte israelische Autofähre gelaufen, die von ihren Eignern zurückgezogen wurde. So war eine Marktlücke für die *Sunward* mit ihren 558 Betten entstanden. Die Fahrten wurden zu einem vollen, dauerhaften Erfolg. Das relativ kleine Schiff war kaum ein Jahr dort im Einsatz, als die Eigner zwei größere und noch besser ausgestattete Schwesterschiffe in Auftrag gaben, die Norwegian Caribbean Line gründeten und Miami zu ihrem neuen Einsatzhafen bestimmten. Andere

norwegische Gesellschaften, auch solche ohne Erfahrung in der Passagierschiffahrt, sahen große Chancen im Karibik-Tourismus. Die »Royal Caribbean Cruise Line« war die nächste Neugründung.

Zwar liefen die *Oceanic* und ein paar andere Kreuzfahrer noch weiterhin mit Erfolg ab New York, doch Miami wurde bald das Weltzentrum dieser Art des Reisens. Die günstige Lage nahe den Bahamas machte den Hafen zum idealen Ausgangspunkt für die beliebten Drei- oder Vier-Tage-Trips. Es liegt auch sehr bequem für Ausflüge zu den Inseln in der Karibik, die manchmal sieben, aber auch 10 bis 14 Tage dauern können. Viele Passagiere, vor allem die Kreuzfahrt-Neulinge, erwarten Sonne und ruhige Fahrt und möchten möglichst viele Hafenstädte sehen. Deshalb entwickelten sich die Inselspringer zu Rennern.

Einige Zeit später sollte der Hafen von San Juan auf Puerto Rico ebenfalls große Bedeutung gewinnen; er liegt noch näher zu vielen der Inseln – in sieben Tagen können die Schiffe sechs Städte anlaufen! New York verlor seine überragende Bedeutung als Zentrum der Passagierschiffahrt durch den Rückgang des Linienverkehrs und dann dadurch, daß die Vergnügungsreisenden eines Tages feststellten, wie teuer und oftmals auch beschwerlich die Schiffs-

NASM

R.M.S
QUEEN MARY

HOLLAND-AMERIKA LIJN
ROTTERDAM-NEW YORK
VIA BOULOGNE SUR MER

The Blue Funnel Line

S.S.
DEMOSTHENES

AMERICAN MAIL LINE

COMPAGNIE GENERALE TRANSATLANTIQUE
The Route to the Riviera and the Mediterranean
FRENCH LINE

Cie Gle TRANSATLANTIQUE
FRENCH LINE
SS « ROCHAMBEAU » (Pont-promenade).

N.Y.K. LINE M.S. "HEIAN MARU"

N.Y.K. LINE M.S. "HEIAN MARU"

reise längs der US-Ostküste zu den Bahamas ist. Heute läuft gerade noch ein Dutzend Kreuzfahrer im Jahr New York an (in den 50er Jahren kamen allein etwa 60 Liniendampfer), und auch die nur zwischen April und Oktober. Ihre Ziele sind hauptsächlich die Bahamas sowie Neuengland und der St.-Lawrence-Strom. In Manhattan, dem alten Liegeplatz der Passagierdampfer, wurden zwar drei Piers wieder hergerichtet; aber im Winter werden sie für Ausstellungen, Festlichkeiten und sogar für Flohmärkte genutzt, von denen ironischerweise einer auf den Handel mit Andenken aus der Vorkriegsschiffahrt spezialisiert ist: auf Porzellan, Speisekarten und Kofferschildchen. Gleichzeitig wurden in Miami 35 verschiedene Vergnügungsdampfer abgefertigt. Dafür steht eine optimal eingerichtete Infrastruktur von Anlegeplätzen, Docks, Empfangsanlagen und Parkplätzen auf dem hierfür speziell vergrößerten Dodge Island zur Verfügung.

Es kann sein, daß an einem Samstagnachmittag im Frühwinter an die acht bekannte Kreuzfahrer in diesem Hafen liegen, unter ihnen einige der größten überhaupt. Die haben dann etwa 10 000 – 12 000 Reisende an Bord. Ein paar mögen aus dem Gebiet um Miami stammen, einige andere aus Florida, aber die meisten sind aus allen Gegenden der USA eingeflogen worden.

Ab Beginn der 70er Jahre wurden die Kreuzfahrer immer größer und den speziellen Erfordernissen dieses Dienstes immer mehr angepaßt. Zu ihnen gehörten z. B. die drei Schiffe der Royal Caribbean Cruise Line, angefangen mit der *Song of Norway* von 1970, gefolgt von *Nordic Prince* und *Sun Viking*. Für Vergnügungsreisen in der Karibik bestimmt, waren sie nicht nur exquisit ausgerüstet und beliebt (in zehn Jahren praktisch immer ausgebucht!); ihr wesentliches Merkmal war die völlige Gleichheit in allen Details. Sämtliche technischen Einzelheiten stimmten überein, die Küche war überall gleich, und die Entertainer wechselten ständig von einem zum anderen. Dadurch wurde der Betrieb rationalisiert, vor allem für die Mannschaften, und die Passagiere brauchten sich nicht umzugewöhnen. Die Zahl solcher »austauschbaren« Schiffe wuchs und die Zahl der Fahrgäste, die Wert darauf legten, immer mit der gleichen Gesellschaft zu reisen, wenn auch natürlich auf verschiedenen Routen. Das ganze funktionierte hervorragend, und »Royal Caribbean« war stolz darauf, 30 Prozent ihrer Passa-

Ansichtskarten, Fähnchen und Anstecknadeln erinnern an ferne Länder: Die Holland-Amerika Linie überquerte den Nordatlantik; mit der Blue Funnel Line reiste man in den Fernen Osten; die French Line kreuzte im Mittelmeer und die N.Y.K. Line in den Gewässern um Japan. Die Plakette mit den Initialen NSAM betrifft die Holland-Amerika Linie, und die mit dem Schiffsnamen *Demosthenes* erinnert an die Shaw Savill Line.

gen an Stammkunden zu verkaufen, ein enorm hoher Faktor im Kreuzfahrtgeschäft. Alle diese Schiffe machten einen frischen, farbenfrohen, einladenden Eindruck. Neben Festsälen, langen Bartheken und großzügigen Restaurants hatten sie natürlich Schwimmbecken, Sauna, Disco und Ladenstraße. Frühstück und kleine Mahlzeiten gab es im Freien, und auch das Kasino durfte nicht fehlen. Am auffälligsten aber war die Cocktailbar, die oberhalb des Sonnendecks am Achtersteven aus dem Schornstein herausragte. Da ließ sich bei einem Martini oder Margaritacocktail herrlich ein leuchtender Sonnenuntergang genießen! Ein anderer norwegischer Newcomer in dem, was man »das Wettrennen der Kreuzfahrer« nennen könnte, war die »Royal Viking Line« mit ebenfalls drei gleichartigen Schiffen von ungefähr 20 000 BRT: *Royal Viking Star*, *Royal Viking Sky* und *Royal Viking Sea*. Sie waren, wie einige Mitbewerber auch, in Finnland auf der hochspezialisierten Wärtsilä-Werft gebaut worden, die in den 70er Jahren zum führenden Passagierschiffbaubetrieb wurde und damit in ein lange von den Engländern beherrschtes Gebiet einbrach. Die Royal Viking war aber nicht an der Inselspringerei oder höchstens einwöchigen Trips in der Karibik interessiert; ihr stand der Sinn nach luxuriösen, entsprechend teuren Reisen zwischen zwei und drei Monaten.

Zeitweise sahen die Kreuzfahrt-Reedereien etwas besorgt in die Zukunft. Wie andere auch, brauchte in den späten 70er Jahren die Royal Caribbean Cruise Line nicht unbedingt neue Schiffe, aber höhere Bettenkapazitäten. Was geschah? Die Song of Norway *und die* Nordic Prince *wurden in zwei Teile zerschnitten und durch 26 Meter lange Mittelteile verlängert. Damit stieg die Bettenzahl von 876 auf 1 276!*

Die strahlend weißen Kreuzfahrtschiffe der Royal Caribbean Cruise Line (*Nordic Prince*, S. 128, und *Sun Viking*, oben) gehören zu den erfolgreichsten der Gegenwart. Man sagt, an ihnen stimme einfach alles. Zu ihren allgemein bekannten Eigenheiten gehören die wie Schwalbennester aus dem Schornstein ragenden Cocktailbars.

Ihre pompösen »Vikinger« waren die Erbinnen solch illustrer Vorgängerinnen wie die historischen *Belgenland* oder *Empress of Britain*. Sie zählten zu den schönsten Schiffen auf den Meeren. Die unübersehbare Zahl ihrer Anhänger umfaßte auch solche des »Caronia-Sets«, die monatelang, wenn nicht jahrelang an Bord blieben, und andere, die wenigstens mehrere Reisen nacheinander mitmachten. Die Reisen waren so geplant, daß man ein Jahr oder länger an Bord bleiben konnte, ohne zweimal die gleiche Route zu befahren. Die Fahrten waren in einem kostbar aufgemachten Führer beschrieben, der »der Atlas« genannt wurde. Da fand man, wie zu erwarten, als Ziele Skandinavien und die Ostsee, aber auch das Mittelmeer und das Schwarze Meer, die Azoren wie die Küste Westafrikas. Längere Fahrten führten in exotischere Weltgegenden wie die Südsee, das südliche Lateinamerika, nach Südostasien und in die Inselwelt Indonesiens. Natürlich wurde auch in der Tradition der *Caronia* die jährliche Weltreise angeboten, die oft schon ein Jahr vorher ausgebucht war. Es sah so aus, als würden Luxusreisen eine große Zukunft haben.

Zur gleichen Zeit, um 1971/72, entschloß sich ein Reeder aus Florida mit Namen Ted Arison, eine eigene Kreuzfahrtfirma aufzumachen. Er nannte sie im Sinne seiner Zielsetzung, Spaß an Vergnügungsreisen zu vermitteln, »Carnival Cruise Lines«. Eine Reise mit Carnival sollte »der erholsamste Urlaub des Lebens« sein. Später wurde seine Flotte bekannt als die der »Schiffe der Freude«. Auch er sah unbegrenzte Chancen auf dem Miami-Karibik-Markt, jedoch mit zwei Dif-

ferenzierungen: Er glaubte, daß niedrige, konkurrenzlose Preise viele Erstkunden anziehen würden und daß zu diesem Zweck ältere, aufgearbeitete »Secondhand«-Schiffe durchaus geeignet wären. Also kaufte er, mit sehr schmalem finanziellem Hintergrund, als erstes die arbeitslose *Empress of Britain*, ehemaliges Flaggschiff der Canadian Pacific. Sie hieß nun *Mardi Gras* (französisches Wort für Karneval), und noch während des Umbaus machte sie ihre ersten tropischen Reisen! Gearbeitet wurde in völlig abgeschlossenen Bereichen des Schiffes, und die fröhlichen Gäste fühlten sich angeblich kaum gestört. Arison hatte recht mit seinen Überlegungen und wurde später zur Zentralfigur im gegenwärtigen Kreuzfahrtgeschäft. Seine Linie hatte tatsächlich mehr Passagiere, die ihre erste Seereise unternahmen, als jede andere Gesellschaft. 1978 erwarb er zwei weitere Gebrauchtdampfer, und 1980 kam sein erster Neubau, die etwa 36 000 BRT große *Tropicale*. Mitte der 80er Jahre wurde seine Flotte um drei »Mega-Kreuzfahrer« erweitert, jeder größer als seinerzeit die *Titanic*. Seit 1990 werden drei weitere erwartet – diese gehören mit ungefähr 70 000 BRT zu den größten jemals gebauten überhaupt. Carnival

Die Carnival Cruise Lines begannen 1972 mit einem »Secondhand«-Schiff das Kreuzfahrtgeschäft. Und 1990 waren sie die größte, geschäftigste Firma der Welt in diesem Markt! Neben zehn eigenen Schiffen betreibt sie noch vier der Holland-Amerika Linie und weitere der Windstar Sail Cruises. Die *Jubilee*, 1986 in Betrieb genommen, ist einer ihrer »Mega-Kreuzer« von etwa 47 000 BRT und einem Fassungsvermögen von 1 840 Passagieren.

wurde die bedeutendste Spezialreederei für Kreuzfahrten; 1989 kaufte sie die komplette Flotte der Holland-Amerika Linie und deren Tochterfirma Windstar Sail Cruises mit einem Kreuzfahrtschiff, das unter computergesteuerten Segeln läuft; dazu noch Westours, den gigantischen Reiseveranstalter und Hotelbesitzer in Alaska.

Mitte der 70er Jahre schien die Zukunft des Kreuzfahrtgeschäftes zeitweise getrübt. Der Ölpreis stieg dramatisch und sandte den Managern der Branche Schauer über den Rücken (wie auch einige Dampfer in den zeitweiligen Ruhestand). Sogenannte Experten weissagten, der Markt sei ausgereizt. Und das, als Cunard 1977 seine 17 000 BRT *Cunard Princess* in Dienst gestellt hatte! So glaubten viele, dieses Schiff würde der letzte Neubau eines Vergnügungsdampfers sein. Und das schien gar nicht so unwahrscheinlich: Da war ein Loch, eine Flaute im Markt. Aber nach ungefähr zwei Jahren waren die Aussichten schon wieder viel freundlicher.

Etwa um die gleiche Zeit nahm die Norwegian Caribbean Line, die mit großem Erfolg mehrere mittelgroße Kreuzfahrtschiffe betrieb, ein neues Projekt ins Auge, ein revolutionäres Fahrzeug

Die 1983 fertiggestellte *Nieuw Amsterdam* der Holland-Amerika Linie zählt zu den schönsten Kreuzfahrern unserer Zeit. Ihr modernes Äußeres birgt eine einmalige Innenausstattung: Zeitgemäßes Design, dekoriert mit holländischen Antiquitäten im Wert von einer Million Dollar, deren Thema das niederländische Kolonialreich in Nordamerika und der Karibik ist.

im Katamaranstil mit zwei Rümpfen von je 180 Meter Länge und 45 Meter Breite. Die Idee wurde jedoch zugunsten eines »normalen« Super-Liners aufgegeben; das Risiko eines solchen ungewohnten Schiffstyps erschien noch zu hoch. Statt dessen sahen Management und Techniker der Firma sich unter den »brachliegenden« Superschiffen wie *United States*, *Michelangelo* oder *France* um. Auf letztere fiel schließlich die Wahl. Der defizitäre französische Atlantikdampfer und gelegentliche Kreuzfahrer wurde schon als Dinosaurier, als weißer Elefant, nur noch für den Schrotthaufen geeignet betrachtet. Die norwegische Firma aber sah die Sache ganz anders: Nach aufwendigem Umbau, mit sorgfältigem und umfassendem Make-up, konnte sie das ideale Kreuzfahrtschiff sein. Einige Maßnahmen zur Erhöhung der Wirtschaftlichkeit waren allerdings unvermeidlich: Reduzierung der Antriebsleistung, Einsparungen beim Personal und Erhöhung der Bettenzahl. Noch wichtiger: Luxuriöse Bars, repräsentative Gesellschaftsräume und unnütze Kasinos verschwanden, und das umgebaute Theater sollte zukünftig Broadway- oder Las-Vegas-Shows zeigen. Die Umbaukosten betrugen 130 Millionen Dollar, aber als die umgetaufte *Norway* im Frühjahr 1980 wieder in Dienst gestellt wurde, war sie nicht nur der Welt größtes Kreuzfahrtschiff, sondern auch das mit dem höchsten Unterhaltungswert. Von morgens bis in die Nacht ist immer etwas los: Basketballspiele, Aerobic dancing, Backgammon- oder Bridgeturniere, Modenschauen und Kurse über so ausgefallene Themen wie Handlesen oder Kapitalinvestitionen. Während in der einen Bar eine Big Band zum Tanz aufspielt, musiziert eine südamerikanische Combo in einer anderen. Bühnenshows werden angeboten, Mitternachtskabarett, Bingo, astronomische Beobachtungen und natürlich das unvermeidliche Buffet um Mitternacht. – In den achtziger Jahren wurden die Kreuzfahrer noch größer und noch individueller: Auf den beiden Schiffen der Holland-Amerika Linie, *Nieuw Amsterdam* und *Noordam*, ging moderne Formgebung eine Ehe mit niederländischen Antiquitäten ein; die italienisch aufgemachte *Fairsky* besaß eine Pizzabäckerei, und die britische *Royal Princess* prunkte mit 150 Kabinen, deren jede ihre eigene Sonnenveranda besitzt. Ganz neue Maßstäbe setzten die beiden 4 000-Tonnen-Yachten aus Norwegen, *Sea Goddess I und II*, gebaut 1984/85. 80 Besatzungsmitglieder mühen sich um das Wohl von gerade 58 Paaren, die jeweils eine Suite bewohnen, zu deren Ausstattung Fernsehen, Videorecorder, Stereoanlage und natürlich eine gut bestückte Bar gehören. Es gibt keine Annehmlichkeit, die an Bord nicht geboten wird, von individuell zubereiteten Mahlzeiten bis zu allen denkbaren Arten Wassersport. Während der meist einwöchigen Reisen, für die man 1989 einen Preis ab

Die *Norway* und frühere *France* als einer der größten Kreuzfahrer hat zwei Begleitboote an Bord, die 1980 speziell zu diesem Zweck gebaut wurden. Auch sie sind immerhin so groß, daß sie eigene Namen führen: *Little Norway I* und *Little Norway II*.

Weitläufige Sonnendecks sind typisch für die heutigen Schönwetter-Kreuzfahrer. Am Pool kann man fast alles bekommen: Unterhaltung, Drinks und natürlich Mahlzeiten. An Bord der *Sea Goddess* (unten), einem der teuersten Schiffe seiner Art, bekommt der Gast nur individuell für ihn zubereitete Gerichte gereicht. – Während die *Noordam* vor der Kulisse von Juneau (Alaska) liegt, wird an Deck ein Mitternachtsbuffet serviert (S. 135).

4 600 Dollar zahlte, werden oft von der High Society geschätzte Plätze aufgesucht: die Luxusbadeorte der französischen Riviera, verschwiegene Buchten in der Karibik oder entlegene Häfen in Ostindien. Seine Kundschaft fand dieses exquisite Schiffspaar unter einer neuen Generation von Interessenten, die die *Caronia* nicht mehr kennengelernt hatte. Als dann 1986 Cunard die beiden Schiffe übernahm, traten sie die Nachfolge der vielen, vielen Vorgänger aus der Zeit der Atlantikliners an. Die Kreuzfahrtindustrie bleibt im Aufwind; 1989 betrug ihr Umsatz allein in den USA fünf Milliarden Dollar.

Dafür gibt es vier Gründe: Erstens haben sich die Reeder mit den Luftverkehrsgesellschaften arrangiert und bieten günstige Flüge aus allen Ecken der Welt zu den Einschiffungshäfen der Kreuzfahrer an. In wenigen Stunden sind die Passagiere mit einem solchen Luft-See-Paket an Bord ihres komfortablen Liners, in einer praktisch und gemütlich eingerichteten Kabine (die neueren Schiffe bieten u. a. Haartrockner und Wandsafe), und die Reise beginnt erst in Schönwettergewässern. Zweitens hat es sich herumgesprochen, daß Seereisen als optimale Urlaubsform gelten können. Für ca. 300 Dollar pro Tag wird ein unvergleichlicher Erholungswert geboten: nur einmal die Koffer auspacken; bequeme Stadtbesichtigungen;

hohes Maß an Sicherheit und Fürsorge; die Chance, neue Bekanntschaften zu schließen (und vielleicht zu einem kleinen Abenteuer). Es heißt, auf einer Kreuzfahrt müsse man täglich nur zwei Entscheidungen treffen: ›Was ziehe ich an?‹ und ›Was soll ich bestellen?‹ Drittens: Die TV-Serie »Love Boat«, ähnlich der deutschen Produktion »Traumschiff«, hat den Kreuzfahrten ein unvergeßliches Image verliehen: Seereisen für alle, nicht nur für alte und sehr reiche Leute!

Daraufhin machten viele ihre erste Vergnügungsreise, meist nur kurz, vielleicht ein Wochenende zu den Bahamas. Und dann ließ es sie nicht mehr los – Kreuzfahren macht süchtig; wer einmal angesteckt ist, reist immer wieder, immer länger und weiter. Die Zahl wächst ständig; dabei sind erst 5 Prozent des US-Potentials erfaßt! – Der vierte Faktor schließlich ist das schier unendliche Unterhaltungs- und Erholungsangebot, die Möglichkeiten zu Spaß, Sport und Spiel. Auf einem der großen Dampfer werden z. B. zwischen 14 und 15 Uhr acht verschiedene Veranstaltungen angeboten! Man kann auch seinen Horizont erweitern; es gibt Passagiere, die mehr als Bingo oder Cha-Cha-Cha erwarten. Deshalb werden Kurse in Astronomie, Astrologie oder Flugwesen offeriert; an Bord befinden sich Künstler und Autoren, Modeschöpfer und Meisterköche. Meryl Streep, Walter Cronkite, James A. Michener und ein früherer englischer Premier haben Vorlesungen auf Vergnügungsschiffen gehalten. Vorträge über die Geschichte der Passagierschiffahrt finden natürlich besonders Interesse. Diavorträge in den Theatersälen vermitteln Eindrücke von historischen Schiffen wie der *Titanic* oder *Queen Mary* mit ihren Palmengärten und teppichgeschmückten Hundezwingern. Es gibt auch einem einzigen Thema gewidmete Rei-

Die Eingangshalle der Sovereign of the Seas *reicht durch fünf Decks und enthält zwei Aufzüge mit gläsernen Kabinen – das Hotel begibt sich aufs Meer! – Das Windjammer-Café dient als Frühstücksraum und Imbißrestaurant; seine Einrichtung soll natürlich an ein Segelschiff erinnern. – Unten: Die erste Ankunft des Schiffes in Miami im Januar 1988.*

sen, wie z. B. Nostalgisches Hollywood; Theater am Broadway; Schönheit und Fitness; Gartenpflege; ›Wie löse ich einen Krimi‹; ›Wie kann ich aufhören zu rauchen?‹; Eine Sonnen- oder Mondfinsternis; Beobachtung von Walen; oder eine Weinprobe.

Mit der *Sovereign of the Seas* der Royal Caribbean Cruise Line im Jahre 1988 wurde ein neuer Höhepunkt erreicht. Mit ihren 73 200 BRT ist sie nicht nur das größte »echte« Kreuzfahrtschiff, sondern der viertgrößte Passagierdampfer aller Zeiten. Da wurde ein 14stöckiges Hotel aufs Meer gestellt mit Platz für 2 600 Gäste. Eingerichtet ist sie für einwöchige Touren in der östlichen Karibik mit Ausgangspunkt Miami; und weil sie gleich ein ganzes Jahr im voraus gebucht war, war sie Vorläuferin für zwei Schwesterschiffe (*Majestic of the Seas*, *Monarch of the Seas*), eins für die westliche Karibik bestimmt und das andere für Fahrten ab San Juan zu den Inseln über dem Winde. Die *Sovereign* hat 1 100 Kabinen, alle mit 12-Kanal-Fernsehen. Den Gästen stehen u. a. zur Verfügung: 18 Fahrstühle, zwei Schwimmbecken, ein Sportzentrum, zehn Aufenthaltsräume, ein Doppelkino, zwei Restaurants mit je 650 Sitzplätzen, ein Konferenzcenter und eine Halle, die durch fünf Stockwerke reicht, zwischen denen gläserne Aufzugskabinen gleiten – ein Hyatt Regency Hotel auf hoher See! Wie alle Royal Caribbean-Liner seit 18 Jahren hat sie, als Erkennungszeichen sozusagen, eine Cocktailbar im Schornstein, diesmal kreisrund mit Panoramasicht und 200 Plätzen – 14 Stockwerke über der Meeresoberfläche – Cocktails in den Wolken...

Als 1988 die *Sovereign of the Seas*, 73 200 BRT, für 2 600 Passagiere, in Dienst gestellt wurde, hieß es, sie sei möglicherweise der letzte Mega-Liner. Aber das Kreuzfahrtgeschäft »boomte« weiter. Die Carnival Cruise bestellte gleich drei Dampfer von etwa 70 000 BRT: *Fantasy*, *Ecstasy* und *Sensation*; und die Royal Caribbean antwortete mit Aufträgen für *Majestic of the Seas* und *Monarch of the Seas* mit gleichen Abmessungen und Kapazitäten wie die *Sovereign of the Seas*.

Wie zu den Zeiten des Konkurrenzkampfes zwischen den Linien-Reedereien im Nordatlantikverkehr sind auch die heutigen Kreuzfahrtfirmen auf Rekorde und typische Merkmale ihrer Schiffe aus. Die Carnival Line baut drei neue Mega-Dampfer: *Fantasy*, *Ecstasy* und *Sensation*, jeweils ungefähr 70 000 BRT groß. Sie sind für den Florida-Karibik-Bereich vorgesehen. Die *Fantasy* als erste brauchte, wie all die Ungetüme vor ihr, ein Merkmal, das sie aus allen Mitbewerbern heraushob, und so bekam sie eine durch s e c h s Decks reichende Lobby mit der größten Glaskuppel, die bisher in ein Schiff eingebaut wurde, sowie eine ständig wechselnde Ton-/Licht-Show. Mit Recht nennt man sie »Das große Spektrum«. Zu erwähnen sind ferner ein Mehrzwecksaal mit 1 300 Plätzen (»Universum Lounge«), »Cleopatras Bar« in ägyptischer Aufmachung und das größte Schiffskasino mit 22 Blackjacktischen, 210 »Einarmigen Banditen«, vier Roulettetischen, vier Plätzen für Würfelspiele und einem Glücksrad.

1989/90 waren weitere zwei Dutzend Kreuzfahrtschiffe in Planung. Die meisten sollen in der

Karibik fahren, immer noch das populärste aller Reiseziele; einige sind aber auch für Alaska, Europa und den Fernen Osten bestimmt, und andere spezialisierte, kleinere Fahrzeuge werden in der Antarktis, nach Grönland, vor der Küste Dalmatiens und sogar nach Sibirien fahren.

Auch die Japaner bauen ihre ersten Kreuzfahrer, ein Trio von gut 45 000-BRT-Schiffen, die Spezialküchen für orientalische Kost haben werden. Eine andere norwegische Linie, Seabourn Cruise, nahm ihre zweite Luxusyacht, die *Seabourn Spirit* in Betrieb, knapp 10 000 BRT

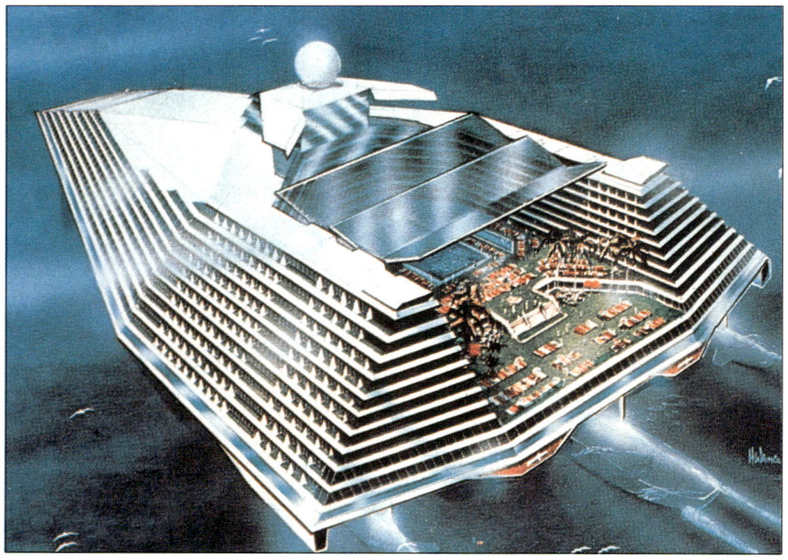

groß, mit neun Decks und 140 Mann Besatzung, denen maximal 212 Gäste anvertraut sind, die in geräumigen Suiten wohnen. Sie und ihr Schwesterschiff *Seabourn Pride* waren 1990 die teuersten Kreuzfahrer; der Tagespreis in einer Doppelsuite beläuft sich auf ungefähr 600 Dollar (1989). – Weitere neue Namen in der langen Liste der Ozeanriesen sind *Crown Monarch*, *Star Princess*, *Royal Viking Sun*, *Oceanic Grace*, *Crystal Harmony*.

Für die 90er Jahre und die Zeit danach liegen Pläne für riesige, ungewohnte und teilweise extrem andere Projekte, die man kaum noch als Schiffe bezeichnen mag, vor. Marktforscher bekamen heraus, daß die Passagiere immer größere Fahrzeuge wünschen, und rechnen in absehbarer Zeit mit 250 000 BRT großen Schiffen. Ein Objekt *World City* ist für 5 200 Fahrgäste ausgelegt. Ursprünglich hatte sich die Norwegian Caribbean Line mit diesem Plan, genannt *Phoenix*, beschäftigt, aber die Kostenvoranschläge liegen mittlerweile bei einer Milliarde Dollar. Bei einer Länge von etwa 400 Metern und nahezu 100 Meter Breite soll ein katamaranähnlicher Doppelrumpf drei Hoteltürme tragen, deren jeder ein eigenes Erholungszentrum sein würde, mit Palmengärten, Wasserfällen und lauschigen Cafés im Freien. Vier Begleitboote mit einer Kapazität von je 400 Personen, sogenannte »day cruisers«, würden die Passagiere jeweils an Land transportieren. Die *World City* könnte nur die größten Häfen wie New York, Miami oder San Francisco anlaufen. Das Unterhaltungsangebot wäre praktisch unbegrenzt: Es gäbe Theatervorstellungen, Museen und Kunstgalerien an Bord, Bistros, Discos, mehrere Kinos, eine Bibliothek mit 100 000 Bänden, ein komplettes Konferenzzentrum, Tennisplätze, mindestens ein Dutzend Schwimmbecken, einen Joggingparcours, sogar ein Börsenbüro und eine Dorfstraße mit Marktplatz und kleinen Geschäften. Im Gespräch waren vier deutsche Werften, die dieses Vehikel etwa im Jahre 1993 hätten abliefern können. Der Einsatz soll von der Jahreszeit abhängen: Im Winter in der Karibik, während des Sommers in Europa, und manchmal nach New York.

Das sogenannte *Rio-Projekt* sieht einen anderen Fahrzeugtyp vor: extrem breit mit etwa 75 Metern, aber kurz (gut 200 Meter). Mit 3 500 Passagieren sollen einwöchige Trips in der Karibik unternommen werden, und einen Spitznamen gibt es auch schon: »Kreuzfahrer für jedermann«. Kennzeichen dieses Projektes wären hohe Kapazität und Hinwendung zu einem Massenmarkt – zu Fahrgästen, die tägliche Abwechslung suchen. Neben Kasinos, Discos und Salons könnte es z. B. die »Maschinistenbar« geben: Eine Kneipe in Höhe des Maschinenraumes, wo man hinter lärmabsorbierenden Glasscheiben die Antriebsanlagen beobachten und dazu seinen Cocktail schlürfen könnte. Für jüngere Leute gäbe es ein ebenso komplettes Unterhaltungsangebot wie für die ältere Generation. Und man denkt sogar an eine Art Straßenbahn auf drei verschiedenen Decks. Die *Rio* könnte, bei geschätzten Kosten von 400 Millionen Dollar, in zwei Jahren fertiggestellt werden. *Ultimate Dream* ist der Name einer anderen Möglichkeit eines Fahr-

Das *PROA*-Projekt (linkes Bild auf der gegenüberliegenden Seite) hat ein Auslegerkanu zum Vorbild. Sie soll nur in warmen Gewässern verkehren und ein so reiches Angebot an Aktivitäten aller Art haben, daß sich das Anlaufen von Häfen erübrigt. – Der *Tri-Cruiser* (S. 138 rechtes Bild) ruht auf drei Pontons, einem breiten mittleren und zwei schmaleren an den Seiten, die für die nötige Stabilität sorgen. – *SWATH* wiederum besitzt einen durchgehenden großen Rumpf auf zwei Stützen (wie bei einer Ölplattform). Diese sind ihrerseits auf zwei Unterwasserschwimmern verankert (Bild unten).

zeugs von gut 100 000 BRT, fast 350 Meter Länge und Kojen für 3 000 Fahrgäste. Besonderes Kennzeichen: Deluxe-Ausstattung als Standard. Jede Kabine soll 18 Quadratmeter und eine Veranda haben. Den Gipfel würden drei Penthousesuiten mit einer Wohnfläche von einmaligen 77 Quadratmetern bilden. Acht Restaurants, jedes mit einer anderen Landesküche, 12 Schwimmbecken, Tennisplätze und eine Ladenstraße sind als Ergänzung des Komforts geplant. Auch dieses Schiff soll im karibischen Raum eingesetzt werden, meistens für einwöchige Trips ab Miami, im Sommer aber auch ab New York. Andere futuristische Modelle sehen zum Beispiel einen zwölfstöckigen Appartementturm auf einem Schwimmer in Form eines Auslegerkanus vor, ein Projekt auf drei Rümpfen nennt sich *Tri-Cruiser*, und hinter der Formel *SWATH* verbirgt sich »Small Waterplane Area Twin Hull«, einer Ölplattform nicht unähnlich.

Falls solche Ungetüme wie *World City*, *RIO* oder *SWATH* tatsächlich gebaut werden, stehen sie doch in der Nachfolge der klassischen Ozeanriesen – allen Unterschieden in äußerem

Schiffbauer aus den Tagen der Vier-Schornsteiner und Palmenverandas konnten nicht einmal andeutungsweise ahnen, was ihre Nachfolger um 1990 planen würden. Die SWATH *zieht eine Surfplattform hinter sich her, verbunden durch zwei Zugrohre. Auf der Plattform gibt es auch Snacks!*

Erscheinungsbild, Verwendungszweck und Ausstattung zum Trotz. Wer hätte schon die Entwicklung innerhalb eines Jahrhunderts voraussehen können, vom kleinen, in Klassen getrennten Vier-Schornsteiner *Kaiser Wilhelm der Große* von 1897 zur *World City* in der Größe einer ganzen Stadt? Die Geschichte der Ozeanriesen wird weitergehen. Dieses Buch wollte ihre Entwicklung aufzeigen, das Zeitalter des Blauen Bandes heraufbeschwören und der nationalen Rivalitäten, der palmengeschmückten 1. Klasse und der spartanischen Zwischendecks, der fürchterlichen Katastrophen vor der Skyline New Yorks. Es wollte erinnern an die dramatische Wende im transozeanischen Verkehr vom Ozeanriesen zum Düsenflugzeug und die stürmische Entwicklung beschreiben, die die vom Vergnügungstourismus geprägte Seeschiffahrt heute durchmacht. Nicht ohne leise Wehmut zurückschauend, aber auch mit Zuversicht die Zukunft erwartend, sollen diese Zeilen eine Huldigung sein an die größten je von Menschen errichteten beweglichen Objekte – die Ozeanriesen.

Vorschläge für weiterführende Bücher

Bonsor, N. R. P. *North Atlantic Seaway.* Prescot, Lancashire: T. Stephenson & Sons Limited, 1955.

Braynard, Frank O. *By Their Works Ye Shall Know Them.* New York: Gibbs & Cox Co., 1968.

Braynard, Frank O. *Lives of the Liners.* New York: Cornell Maritime Press, 1947.

Braynard, Frank, & Miller, William H. *Fifty Famous Liners.* Band 1–3. Wellingborough, Northamptonshire: Patrick Stephens Ltd, 1982–87.

Braynard, Frank O. *The Big Ship: The Story of the SS United States.* Newport News, Virginia: Mariners Museum, 1981.

Brinnin, John Malcom. *The Sway of the Grand Saloon.* New York: Delacorte Press, 1971.

Coleman, Terry. *The Liners.* New York: G. P. Putnam's Sons, 1977.

Kludas, Arnold. *Great Passenger Ships of the World,* Band 1–5. Cambridge, England: Patrick Stephens Ltd. 1972–76.

Maxtone-Graham, John. *The Only Way to Cross.* New York: The MacMillan Company, 1972.

Maxtone-Graham, John. *Liners to the Sun.* New York: The MacMillan Company, 1985.

Bildnachweis

Schlüssel: a = alle, l = links, o = oben, r = rechts, u = unten.

Mit freundlicher Genehmigung:
Cunard Public Relations: 86 (a); 87 (a)
Holland Amerika Linie: 125 (or, ur); 135
Sammlung Bill Miller: 31; 120; 124; 125 (ol); 128; 129; 131; 132; 133; (a); 134 (a); 136 (a); 138
Princess Cruise Lines: 120
Alle Photos von Suzanne Kaufman mit freundlicher Genehmigung Sammlung Richard Farber: 5 (a); 7; 14 (a); 19 (or); 20 (ol); 29 (a); 30; 32; 34 (a); 36; 42; 46 (a); 47; 48; 49 (a) ; 50; 52; 52–53; 54 (or); 55; 56; 57 (a); 58 (o); 59 (or + ur); 60; 61 (a); 62; 63 (a); 65 (or); 66 (or); 68 (l); 69 (a); 70; 78 (a); 81 (or + u); 82 (a); 84 (ol); 90; 94 (u); 95; 97 (a); 102 (a); 103 (or); 107 (o); 108; 110; 111 (a); 113 (a); 114; 116; 117 (u); 118; 119 (a); 126 (a).
New York Public Library Bildersammlung: 8; 10; 11; 12; 13; 15; 16; 18 (a); 19 (ol); 21; 22; 24; 25; 27; 31; 35; 51; 54 (ol); 58 (o); 59 (or +ol); 64; 67; 68 (u); 74–75; 76; 77; 79; 81 (ol); 83; 92; 93 (a); 94 (or); 96 (a); 98; 99; 100; 101; 103 (u); 104; 106; 107 (u); 109 (o); 117 (ol + or); 123.

© FPG International/Collection of Everett Viez, FL: 65 (ol).
© Allan Malschick: 130.
© PHOTOWORLD/FPG International: 28, 45, 72, 73, 80, 109 (u), 122.
© Shigekama: 84 (u).
Das Foto auf Seite 22 wurde von Melissa Dehncke handkoloriert.

Register

Kursiv gedruckte Seitenzahlen verweisen auf Bildunterschriften, Illustrationen oder Kasten-Texte.

A

Adriatic 24
America 121
American Line *20–21*
Amerika 92
Andrea Doria 94, *102*
  Untergang 103
Aquitania *24*, *29*, 34–35, *35*, 38, 40, 60, 85, 110
Arctic 11
Arison, Ted 129–130
Arundel Castle *24*
Atlantic 11
Atlantischer Ozean
  Luftverkehr über den – 76
  Reisebedingungen 54–55

B

Baltic 11, 24
Belgenland Weltreisen *111*
Belgenland 112, 128
Berengaria 16, *29*, 40, *51*, *117*
Bismarck 38, 39, 40
Blaues Band 10, 11, 18, 19, 23, 48, 51, 57, 62, 71, 75
Bremen 30, 42–43, 48, 48–49, *48–49*, 51, 59, 68, 81, 119
Britannia 10, 11, *10–11*, 59, 87
Britannic *29*, 33–34, 39
Brunel, Isambard Kingdom 12

C

Campania *11*, 14
Canadian Pacific 50, 72
  Empress of Ireland
Cap Arcona 102, *103*
Carinthia 112
Carmania 29
Carnival Cruise Lines 129–131, *130–131*, 137, *138–139*
Caronia *29*, 121–122, *122–123*, 129, 134
Carpathia 93
Cedric 24, *24–25*
Celtic 24
Ceylon 106
Champlain 44, 119
Cincinnati 108
City of New York 14, *14–15*
City of Paris 14
Cleveland 108
Clyde Mallory Lines *110*
Clydeside Schiffahrt 85
Collins, Edward K. 11
Collins Line 11
Columbus *42–43*, 47
Concorde Überschall-Jet 80
Conte di Savoia 52–53, *52–53*, *54*, 54–55, 69, 82
Crown Monarch 138
Crystal Harmony 138
Cunard, Samuel 9
Cunard Company 83–86, 86–87, 131, 134
Cunard Princess 131
Cunard Steam Ship Company 9–11, 11, 14, 18, 28, 29–32, 36
Cunard White Star Line 40, 57, 59–68

D

Dampfer, Plakat-Kunst 61
Dampfmaschine, erste Nutzungen 9
Dampfturbine 30, 47–48
Deutschland
  Beginn der Präsenz auf dem Nordatlantik 15–20
  Englische Konkurrenz mit – 24
  Passagierschiffahrt nach dem 2. Weltkrieg 71
  Vier-Stornsteiner *8*, 20
  Wettbewerb mit Großbritannien 17
  Wiederbeginn nach dem 2. Weltkrieg 46–49
Deutschland 19, 20, 23, 47, 53, 108
Dickens, Charles 11
Dominion Line 27

E

Ecstasy 137
Edward VII., England 8
Edward VIII. *51*
Einstein, Albert *51*
Elizabeth I., Königin von England 52, 86
Elizabeth II., Königin von England 86
Ellis Island *26*, 27
Empress of Britain 49–51, *50*, 59, 68, 112–115, 116, 119, 128
Empress of Ireland 97
  Untergang der – 94–96
Erste Klasse
Einrichtungen 25, 33, 44, 49–50, 79
Europa 37, *42–43*, 48, *48–49*, 49, 54, 68, 72, 81

F

Fairbanks, Douglas *51*
Fantasy 137
Feuerschutzeinrichtungen 74
Ford, Henry *51*
France *22–23*, 35–36, 76, 76–80, 87, 132
  Längsschnitt *36–37*
Franconia 112, 119, 123–124
Frankreich
  Maritime Politik nach dem 1. Weltkrieg 55–59
  Schiffe nach dem 1. Weltkrieg 43–46
French Line *22–23*, 27
Fünf-Schornsteiner 12

G

George VI., König von England 52
Gepäckanhänger *112–113*
Geschwindigkeit, erste Cunard-Rekorde 10
Gibbs, William Francis 74
Gigantic 33
Gladiator 11
Great Eastern *12*, 12–13
Großbritannien
  Deutsche Konkurrenz 17, 24
  Vier-Schornsteiner *24*
  Vorherrschaft auf dem Atlantik 10
  Wettbewerb mit den USA 27–28
  Wettkampf um die Seeherrschaft 8–9
  Wiedererlangung der Vorherrschaft 23
Große Weltwirtschaftskrise 62
  Cunards Schicksal während der – 60
  Niedrige Kreuzfahrtpreise *117*
  Vergnügungsreisen während der – 115–116

H

Hamburg Amerika-Linie 15–17, 19, *19*, 32, 36–39, *38–39*, 106–107, *106–107*
  Zwischendeck-Bedingungen 27
Hansa 20
Hitler, Adolf 65
Home Lines 122

I

Ile de France 43–46, *44–45*, 58, *68–69*, 69, 71, 77, 98
Imperator 37–38, *38–39*, 40, *40–41*, 53
  Zwischendeck-Räume *27*
Inman Line 14
International Mercantile Marine 27–28
Iroquois *110*
Italian Line 53
Italien
  Schiffahrt nach dem 1. Weltkrieg 52–53
  Schiffahrt nach dem 2. Weltkrieg 71
  Schiffahrt zwischen 1960 u. 1980 80–83

J

Japan, Bau von Kreuzfahrtschiffen 138
John Brown Schiffswerft 34
Jubilee *130–31*

K

Kaiserin Auguste Victoria 24–25
Kaiser Wilhelm der Große 7–8, 11, 15, *16–17*, 17–18, 20, 23, 24, 141
  Fahrzeiten 18
Kaiser Wilhelm II. *9*, 20, *20*, 23
King George V. 65
Krankenbetreuung im Zwischendeck 26–27
Kreuzfahrten 50, 105–123
  Boom der –industrie 124–140
  Caronia, erster ganzjähriger Kreuzfahrer 121–122
  Erste Besichtigungsfahrten 105–106
  Erstes Kreuzfahrtschiff 107–108
  Große Afrika-– (1926) 111
  Kleine Kreuzfahrten 115–119
  Kosten 108
  Möglichkeiten für – 134–140
  Queen Schiffsumbauten 84

Sonnendecks *114*
Spezialschiffe für – 122–134
Weltreisen 110–111, *111*, 112–115
Winter-Kreuzfahrten 76
Kronprinzessin Cecilie 20
Kronprinz Wilhelm 19, 20
Kungsholm 119, 123

L

Lafayette *44*, 99–101
La Picardie 35
Leonardo da Vinci 80, *80*
Leviathan 40, 72
Leyland Line 27
Liberté 68, 72
L'Atlantique 98–99
Lucania 14
Luftverkehr 76
Lusitania 28, *29*, 29–30, *30*, *31*, 40, 85, 87, 96
Untergang der – 96–97, *97*

M

Majestic 14, 40, 116
Manhattan 116
Marketing-Politik des Norddeutschen Lloyd 20
Mary, Königin von England 86
Mauretania 28, *28*, *29*, 29–30, *30*, *31*, 40, *40*, 48, 96, 110, 116
Michelangelo *80–81*, 81, 82, 132
Monarch of Bermuda 116
Morgan, J. P. 27–28, *51*
Morro Castle *98*, 99

N

Nassau 123
Nebel *11*
New York, Hafen von – 66
1. Reise der *France* nach – 76–77
New York Weltausstellung 69
Nieuw Amsterdam 69, 72, *132*
Noordam *134–135*
Norddeutscher Lloyd 15–17, 19–20, 48
Zwischendeck-Klasse 26–27
Nordic Prince 127, *128*
Normandie *44*, 55–59, *57*, *58–59*, 60, *60*, *61*, 62, 66, 69, 77, 87, 99–102, *101*, *118–119*, 119
Norway 132–134, *133*
Norwegian Caribbean Lines 124–125, 131–134, 138

O

Oceanic *11*, 18, *18–19*, 24, 122–124, *124*
Oceanic Grace 138
Ocean Liners, Definition 7
Olympic *29*, 33, 40, 55, 94

P

Pacific 11
Paris 36, *100*
Passagier-Mannequins *106–107*
Penho-Werft 44
Phoenix 138–139
Pickford, Mary *51*
Postkarten *126–127*
Prinzessin Victoria Luise 107–108, *108–109*
PROA *140–141*

Q

Q3 83, 84
Q4 85
Queen Elizabeth 10, *64–65*, 65–66, 69, 71, 72, 76, 77, 83, *83*, 84, 85, 99
Queen Elizabeth 2 65, *84–85*, 86–87, *86–87*, 105
Queen Mary 52, 57, *62*, 62–65, 66, 69, 71, 72, 75, 76, 83, 84, 85, 86, 99, 122
Queen of Bermuda 116, *116–117*

R

Raffaello 81, 82, 132
Red Star Line 27
Republic, Untergang 91
Rex 49, 52–54, *54–55*, 55, 57, 59, 68, 69, 81, 82
Rio Project 139, 140
Rogers, Will *51*
Rotterdam 124, *124–125*
Rotterdam Lloyd Lines *114–115*
Royal Carribean Cruise Lines 125, 127–128, *128*, *129*, 137
Royal Viking Line 128–129
Royal Viking Sea 128
Royal Viking Sky 128
Royal Viking Star 128
Royal Viking Sun 138
Russell, Scott *12–13*

S

St. Paul *11*
Savannah 9, *9*
Schaufelraddampfer 9
Schiffsuntergänge
Andrea Doria 103
Cap Arcona 102
Empress of Ireland 94–96
Lusitania 96–97
Republic 94
Titanic 91–94
Wilhelm Gustloff 101–102
Scotia 11, *11*
Seabourn Cruise Lines 138
Seabourn Pride 138
Seabourn Spirit 138
Sea Goddes *134*
Sea Venture *85*
Sensation 137
Shawnee *110*
Shoesmith *41*
Sicherheit, Cunard-Grundsatz 9
Sirius 9
Song of Norway 127, *128*
Souvenirs *62–63*, *126–127*
Sovereign of the Seas *136–137*, 137, *138–139*
Stabilisierungs-Einrichtungen *54*, 55
Star Princess 138
Stella Polaris 119
Stockholm 103
Sun Viking 127
Sunward 124–125
Superschiffe
Größenvergleich *32*
staatliche Subventionen 32
Swanson Gloria *51*
SWATH cruiser 140, *141*

T

»Teakettles« 10
Teutonic 14, 14–15
Titanic *29*, 33, 36, 36, 55, 87, *92–93*, *94–95*, 97
Untergang 91–94
Transsylvania 116
Tri-Cruiser Design 140
Tropicale 130

U

Ultimate Dream 140
United States 65, *72–73*, 72–75, 74–75, 77, 87, 122, 132

V

Valentino, Rudolph *51*
Vanderbilt, Cornelius *51*
Vaterland 27, 38–39, 40
Vereinigte Staaten von Amerika (USA)
Englands Wettbewerb mit – 27–28
Passagierzahlen aus den – 14
Schiffahrt nach dem 2. Weltkrieg 72–75
Staatliche Schiffbau-Subventionen 72
Victoria 60–62
Victoria Luise 20, 108
Vier-Schornsteiner *6–7*, *8*, 20, *24*
Viktorianisches Zeitalter, Vergnügungsreisen während des – 106–107
Vulcan Schiffswerft 17

W

Walker, Jimmy 54
Weltkrieg, 1.
Kreuzfahrten nach – 108–111
Schiffs-Schicksale im – 20
Untergang der *Lusitania* 96–97
Weltkrieg, 2.
Queen Elizabeth im – 65–66
Transatlantikverkehr nach – 71
Umbau von Passagierdampfern in Truppentransporter 66–68
White Star Line 19, 24, 27–28, 30, 33–34, 36, 40
Untergang der *Titanic* 91, 94
Wilhelm Gustloff 101–102
Wilhelm I., deutscher Kaiser 17
Wilhelm II., deutscher Kaiser 8–9
Windsor Castle *24*
Windstar Sail Cruises 131
World City 138, 140, 141

Z

Zwischendeck 27
Ende der –klasse 46
Fahrpreise 14–18
Menschenverluste beim Untergang der *Titanic* 93
Passagierzahlen 25–26
Wohnverhältnisse im – 25, 26–27